할 수 있지만
하지 않는

과유불급
過猶不及

할 수 있지만
하지 않는

한근태 지음

과유불급
過猶不及

위즈덤하우스

서문

할 수 있지만
하지 않는다

시간이 흐르면서 책 쓰는 목적이 달라진다. 처음엔 그냥 쓴 것 같다. 뭔가 억울하고 하고 싶은 말도 많고 해서 썼다. 다음에는 공부를 위해 썼다. 다양한 주제에 관심이 생겨 관련 정보를 수집하고 다른 사람 생각을 물으며 글을 썼다. 요즘은 나를 위해 쓴다. 하고 싶은 것을 다짐하고, 하지 말아야 할 것을 스스로에게 경고하기 위해 글을 쓴다. 넘침에 대한 이 책은 더욱 그렇다. 난 태생적으로 넘치는 사람이다. 오버를 잘하는 사람이다. 아내는 늘 이런 내게 일침을 가한다. 참 아프고 듣기 싫다. 하지만 내가 넘치는 건 사실이기 때문에 부인할 수 없다. 받아들일 수밖에 없다. 아마 나 같은 사람들이 제법 있을 것이다.

뭐든 지나치면 좋지 않다. 지나침보다는 부족함이 낫다.
한때 도요타는 계속되는 리콜로 위기를 맞았다. 처음에는 매뉴얼대로 생산하지 않은 부품 업체를 의심하고 원인을 이들에게 돌렸는데, 알고 보니 원인은 다른 곳에 있었다. 도요타의 과도한 원가 절감 요구에 업체들이 어쩔 수 없이 출하 검사 절

차를 생략했는데, 이것이 높은 불량률로 이어진 것이었다. 무리하면 안 되는 이유이다.

소니도 그렇다. 한때 천하를 호령했던 소니가 어려워진 이유 중 하나는 지나친 6시그마 추구 전략 때문이다. 지나치게 품질을 강조하다 보니 품질 관리 부서의 힘이 너무 세졌고, 제품 백만 개 중 불량품이 두 개만 있어도 출고를 하지 못했다. 결국 품질 문제에 집착하다 신제품 출시 시기를 놓치는 지경에 이르렀다.

한국의 삼성이나 엘지는 달랐다. 초기 품질에 문제가 있어도 일단 시장에 제품을 내놓고 빠르고 철저한 AS를 통해 문제를 해결하면서 시장을 장악했다. 뭐든 지나치면 안 된다.

장점도 그렇다. 사람이 발전하려면 약점보다는 장점을 잘 살려야 한다는 말을 자주 한다. 맞는 말이다. 하지만 이도 지나치면 안 된다. 우리가 흔히 장점이라고 여기는 빠른 의사 결정, 배려, 소신 같은 것도 지나치면 오히려 약점이 되어 버린다. 빠른 의사 결정으로 성장할 수도 있지만, 너무 빠른 의사 결정은 또다른 문제를 야기한다. 배려는 좋지만, 지나친 배려는 본인은 물론 상대도 힘들게 한다. 소신이 중요하지만, 지나친 소신으로 무너진 회사도 많다. 이렇듯 지나친 건 좋지 않다. 독약이란 말이 있다. 독도 적당히 소량을 쓰면 약이 된다는 말이다. 반대로 약도 좋다고 많이 쓰면 오히려 독이 된다.

요즘엔 모든 게 지나치다. 먹는 게 대표적이다. 먹어도 너무 먹는다. 방송을 보면 여기서도 먹고, 저기서도 먹는다. 도대체 왜 이렇게 먹는 것일까? 비만인 연예인을 내세워 먹기 경연 대회라도 펼치는 듯하다. 난 이들을 볼 때마다 저렇게 먹어도 괜찮은지, 저렇게 먹어도 몸이 견뎌 내는지 심히 염려가 된다.

좋아하는 것도 적당해야 한다. 누군가를 지나치게 좋아하는 건 위험하다. 착각일 가능성이 높기 때문이다. 가끔 내 책의 독자라면서 연락을 하고, 존경을 표시하고, 온갖 사탕발림 얘기를 하는 사람들이 있다. 좋긴 하지만 지나칠 경우 난 멈칫하게 된다. 두렵기도 하다. 도대체 무슨 이유로 날 저렇게까지 좋아하는 걸까? 저 사람이 내 실체를 알기는 알까? 그 사람은 날 착각하고 있을 가능성이 높다. 실제 광팬 중 몇 명은 내게 실망해 연락이 끊겼다.

나이가 들면서 생각이 바뀌고 있다. 무엇을 하겠다는 것보다는 이건 하지 말아야겠다는 생각이 많이 든다. 우선, 너무 유명해지는 걸 경계하고 싶다. 얼굴이 알려지는 건 싫다. 방법 중 하나는 방송을 하지 않는 것이다. 요즘 대세라는 유튜브도 할 생각이 없다. 남들 다 하는데 나까지 보탤 건 없다. 돈을 너무 많이 벌고 싶지도 않다. 가끔 사람들이 내게 투자를 어떻게 하고 있는지 물으면, 아무런 투자를 하지 않는다고 답한다. 진실이다. 부동산 투자를 해서 임대료를 받으면 좋다는 조언도 받지만, 전혀 그러고 싶지 않다. 그런 불로소득은 나와는 어울리지 않는다. 책을 많이 쓰니까 출판사를 차리라는 이야기도 종종 듣는다. 이 또한 전혀 그러고 싶지 않다. 내 글을 내주는 출판사와 내 글을 읽는 독자 덕분에 먹고사는데, 그런 출판사의 뒷통수를 치는 일은 하고 싶지 않다. 오히려 나로 인해 출판사가 돈방석에 앉기를 간절히 바란다.

지금 내 나이는 돈을 더 벌 나이는 아니다. 돈을 더 벌어도 쓸 데도 없다. 무언가 일을 벌일 나이도 아니다. 젊은 사람은 욕심이 있어도 괜찮지만 나같이 나이 든 사람이 욕심을 부리면 추하다. 오죽하면 노추老醜란 말까지 나왔겠는가? 지금 내 나이는 할 수 있지만 하지 않고 마무리를 할 나이다. 정리정돈을 할 때다. 갖고 있던 것도 주고 베풀고 떠날 준비를 할 나이다.

절대 무리를 해서는 안 된다. 지나치면 안 된다. 과유불급이다. 넘치는 건 모자란 것만 못하다.

한근태

차례

서문

할 수 있지만
하지 않는다

일에 대하여

1장

- 시간을 주인에게 돌려줘야 한다　17
- 낙관하지 않아야 인생의 패가 늘어난다　24
- 끼는 70%만 발휘하기　30
- 자신만의 속도가 있다　33
- 한 기업이 이익을 독차지할 수 없다　39
- 일과 가정의 균형은 시간의 문제가 아니라 관심과 몰입의 정도이다　43
- 욕심만으로는 얻어 내지 못한다　49
- 칭찬할 때는 정확히, 받을 때는 덤덤하게　53
- 나이테를 보라　61
- 조금 비어 있는 완충 지대　65
- 지나친 의전, 그리고 과공비례過恭非禮　68

2장

일상에 대하여

- 맛있는 음식은 간이 적다   75
- 건강 염려가 건강을 해친다   80
- 지금은 혼자 있는 시간   84
- 효자 남편은 불편하고 힘들다   91
- 생각의 많은 부분은 쓸데없는 생각   95
- 나만 사랑하면 남을 사랑하기 힘들다   100
- 언제까지, 어느 정도까지 보호할 것인가   103
- 지나치게 청결해서 생기는 병들   109
- 재여부재 材與不材   112
- 절제하면 좋게 오래간다   114
- 적게 말하고 오래 들어라   119
- '먹방' 전성시대   125
- 과한 운동도 중독이다   129

3장 관계에 대하여

- 누가 주인인가 135
- 신호등의 역설 138
- 소비자는 폭군이 아니다 145
- 그냥 가만히 148
- 관계 속으로 도피하지 마라 151
- 나만 생각이 있는 게 아니다 153
- 곁말이 많은 이유 155
- 모두를 존대하는 것은 아무도 존대하지 않는 것이다 158
- 배고픈 건 참아도 배 아픈 건 못 참는다 160
- 과잉 친절의 이면 163
- 예상치 못한 기쁜 감정이 감사이다 167
- 모임을 하는 이유 171
- 절제, 할 수 있지만 하지 않는 것 176

1장 · 일에 대하여

시간을 주인에게
돌려줘야 한다

며칠 전 친구 부부와 식사를 했다. 그 친구의 딸이 대기업에 들어갔다고 좋아했던 기억이 나서 잘 지내냐 했더니 회사를 그만두고 대학원을 다닌다고 한다. 이유를 물어보자 "말이 직장이지 지옥이랑 다를 게 없어. 매일 밤 11시에 퇴근을 해. 처음에는 배우는 것도 있고 신기하니까 다니더니 점점 힘들어

하는 거야. 급기야 몸에 이상이 생겼어. 애를 잡을 것 같아 그만두게 했지. 요즘은 괜찮아. 앞으로도 딸은 직장 생활에는 자신이 없대. 일은 좋은데 쓸데없이 매일 야근하는 게 너무 싫다는 거야."

또 다른 친구의 사례도 비슷하다. 자식을 미국의 좋은 학교에 유학 보냈는데, 등록금이 장난 아니라서 노후 자금까지 털어 뒤를 댔다. 친구 자녀는 졸업을 앞두고 실무 경험도 쌓을 겸 한국 기업에서 두 달간 인턴으로 일했다. 그런데 인턴을 마치고는 "전 졸업해도 회사는 못 다닐 것 같아요. 자신이 없어요."라고 했단다. 이유인즉슨 "근무 시간이 너무 길어요. 사람들이 일을 끝내도 눈치를 보는 건지, 아니면 습관 때문인지 계속 회사에 남아 있어요. 일은 괜찮은데 그런 문화가 너무 싫어요. **허구한 날 회사에만 있어야 되잖아요.**"

그 얘기를 듣던 다른 친구는 최근 애플 미국 본사에 취직한 아들 얘기를 들려줬다. "그 회사는 출퇴근에 대한 스트레스는 없는데 업무 강도가 장난이 아니라고 하더군. 아들 집에 일주일 있었는데, 아이가 집에서도 계속 일 생각만 하는 것 같아

내가 눈치가 보이더라고." 한국은 긴 근무 시간이, 미국은 일이 스트레스이다.

이런 얘기를 듣다 보니 옛날 생각이 났다. 외국에서 공부하고 들어와 처음 회사에서 일할 때인데 여러 면에서 적응이 쉽지 않았다. 일단 출근 시간이 너무 빨랐다. 원래 8시가 출근 시각인데 관리자들은 그보다 30분 일찍 출근해야 했다. 직급이 높은 사람들은 한 시간 전에 회의까지 있어 늦어도 7시까지는 출근해야 했다. 퇴근 시각은 출근 시각과는 관계없이 똑같이 6시였다. 그런데 6시가 되었는데 아무도 자리에서 일어날 생각을 하지 않았다. 낮 시간에는 사무실에 사람들이 별로 보이지 않았다. 다들 뭔가 개인 일을 보는 것 같았다. 은행도 가고, 동사무소도 가며, 담배도 피우러 가고, 잡담도 많았다. 전혀 집중해서 일하는 분위기가 아니었다. 외출했던 직원들이 다 모이는 오후 3~4시가 되어서야 사무실에 활기가 넘쳤는데, 본격적인 회의도 이때 시작했다. 그때는 주말에도 일을 했다. 개인 시간이라고는 전혀 없는 날들이 이어졌다. 이런 생활은 시간이 지날수록 점점 더 심해져 급기야 회사에 내 인생을 몽땅 바쳐야 하는 지경에 이르렀다. 힘들었고 그렇게 평생 살 자신도 없었다. 회사 생활에 회의가 들어 동료들에게 힘들지 않냐고 물어봤더니 의외의 답이 돌아왔다. "집에 가면 뭐 해요. 오히려 회사에 있는 게 편해요." 그런 생활에 익숙해진 것이다. 위로 올라갈수록 증세는 심해져 회사에 오래 남아 있는 걸 힘들어하지 않고 오히려 즐기는 것 같았다. 난 그러지 못했다. 회사를 다니는 내내 정시에 퇴근하려 노력했다.

승진을 한 뒤에도 비슷했다. 당시 집은 일산이고, 본사는 부평이었다. 출근이 문제였다. 행주대교 입구에 병목 현상이 심했는데, 오전 6시 10분 정도가 임계점이었다. 그 시각 전에는 소통이 원활했으나 이후로는 1분에 수십 대씩 차량이 몰려 6시 반쯤 되면 그곳을 통과하는데 20~30분이 걸렸다. 할 수 없이 새벽에 출근하기로 했다. 김밥 한 줄을 싸서 눈만 뜨면 집을 나섰다. 회사 앞 사우나에서 목욕하고 6시 반쯤 출근했다. 그러고는 24시간 가동되는 공장을 한 바퀴 돌고, 밀린 결재를 하고, 직원 면담하고, 회의하고… 온갖 것을 다 처리해도 점심

전이었다. 오후가 되면 할 일이 별로 없었다. 주요 현안이나 회의가 있는 날 빼고는 퇴근 시간까지 기다리는 게 고역이었다. 상사는 그런 나를 못마땅해했다. 말로는 자유롭게 근무하라면서 실제로는 은근히 압박했다.

회사 생활은 재미있었고, 배우는 것도 많았으며, 사람들 만나는 것도 좋았다. 하지만 비효율성이 싫었고, 쓸데없이 오래도록 사람을 잡아 두는 문화가 너무 싫었다. 그 회사는 지금 외국인 손에 넘어갔고 다들 칼퇴근을 한다고 한다. 이때 같이 회사를 다닌 직원을 오랜만에 만났는데, 이런 말을 했다. "이사님 하면 한 가지가 기억나요. 오후 6시가 되면 열쇠를 돌리고 휘파람을 불면서 퇴근하는 모습요."

많은 기업에 아직도 이런 문화가 남아 있다. 열심히 일한다고 하지만 사실 오래 일하는 것일 뿐인지도 모른다. 괜찮은 회사는 근무 시간에 대한 간섭이 적고, 직원들을 믿고 알아서 일하도록 한다. 반면 눈에 보이는 근무 시간이 긴 것을 원하는 회사에선 직원들은 몸만 회사에 있지 업무에 몰입하지 못한다. 아니, 안 한다. 몰입하나 안 하나 차이가 없는데 누가, 무엇 때문에 그 긴 시간을 집중해서 일하려고 할까?

오늘날의 회사는 일하는 사람들도 그때 그 사람들이 아니고, 일을 대하는 태도나 방식도 예전과 달라졌다. 경제적으로 어려운 환경에서 힘들게 성장한 사람들이 아니라 풍요로운 환경에서 자유로운 영혼으로 성장한 사람들이다. 단순히 먹고살기 위해 일하는 게 아니라, 자신이 하는 일을 즐기고 사회에 기여하기 위해 일한다. 이들은 매력 있는 곳을 따른다. 이들을 붙잡으려면 경영진이 생각을 바꾸어야 한다. 머릿속에서 야근이란 단어를 삭제하고, 일은 근무 시간에만 하는 것이란 사실을 분명히 해야 한다. 또한 각자의 역할을 분명히 하고, 집중할 수 있는 근무 환경을 만들어 주고, 쓸데없이 야근하는 사람들에게 불이익을 주어야 한다. 오래 일하는 사람을 충성스럽고 일 잘하는 사람이라고 여기는 컨베이어 사고를 없애야 한다.

저녁을, 주말을 시간의 주인에게 돌려줘야 한다.

괜찮은 회사는 근무 시간에 대한 간섭이 적고,
직원들을 믿고 알아서 일하도록 한다.
반면 눈에 보이는 근무 시간이 긴 것을 원하는 회사에선
직원들은 몸만 회사에 있지 업무에 몰입하지 못한다.
머릿속에서 야근이란 단어를 삭제하고,
쓸데없이 야근하는 사람들에게 불이익을 주어야 한다.
일은 근무 시간에만 하는 것이란 사실을 분명히 해야 한다.

낙관하지 않아야
인생의 패가 늘어난다

대책 없이 미래를 희망적으로만 보는 낙관주의자들이 꽤 많다. '잘될 것이다, 다 잘되게 되어 있다, 누가 하는 일인데…' 같은 말을 달고 산다. 마치 긍정 심리학을 삶의 모토로 삼고 있는 듯이 보이고, 그들의 사전에는 진정 불가능이 없어 보인다. 하지만 과연 그럴까? 생각을 긍정적으로 하면 모든 일이 술술

풀릴까? 간절히 바라면 희망이 이루어질까? 안타깝게도 그렇지 않다. 지나친 긍정은 부정보다 더 위험하다. 세상일은 바란다고 다 되지 않는다. 뭔가 노력하지 않고 간절히 바란다고 이루어질 것 같으면 세상에 꿈을 이루지 못한 사람이 없을 것이다. 뭐든 할 수 있다는 건 사실 아무것도 할 수 없다는 것과 같다. 반대로 내 생각대로 되지 않을 수도 있다고 여기면 인생의 패가 늘어난다.

출판계에는 '베스트셀러를 낸 출판사는 망한다'는 속설이 있다. 언뜻 이해하기 힘들지만 사정은 이렇다. 가난하던 출판사에 베스트셀러로 큰돈이 들어온다. 그러자 갑자기 생긴 목돈을 주체하지 못하고 사옥을 짓거나 구입하고, 사옥 규모에 걸맞게 직원들도 추가 채용한다. 마케팅 비용도 평소보다 많이 쓰고, 주특기가 아닌 분야까지 진출한다. 한마디로 살림이 커지는 것인데 그 바탕에는 지나친 긍정주의가 깔려 있다. 베스트셀러를 만든 자신감이 다른 분야에서도 성공을 거둘 거라고 착각하게 만들어 세상일은 그렇게 만만치 않음을 놓쳐 버린다. 이것저것 손을 대지만 성과는 나지 않고, 늘어난 살림 규모를 감당하지 못하고 결국 망하게 된다.

한때 잘 나가던 기업 중 지금은 사라지거나 어려워진 기업이 제법 많다. 이유야 여럿이지만 과잉 투자로 인한 사례가 가장 많다. 왜 그럴까? 잘될 것이다, 장애가 없을 것이다, 지금 같은 상황이 이어질 것이다 같은 가정 하에 계획을 세웠는데 다른 변수가 생겼기 때문이다. 세상일은 좀처럼 자기 뜻대로 되지 않는다. 늘 생각지도 못한 일이 벌어지곤 한다. 비용은 예상치의 두 배가 들고, 시간은 그 이상이 소요되는 경우가 비일비재하다. 갑자기 유가가 뛰거나, 핵심 인재가 빠져나가거나, 송사에 휘말리거나, 또 생각지도 못한 경쟁자가 등장하기도 한다. 그래서 지속적으로 성장하고 발전하는 것은 생각보다 훨씬 어려운 일이다.

퇴직금으로 차린 음식점이나 커피숍이 얼마 지나지 않아 문을 닫는 경우를 종종 볼 수 있다. 철저한 준비 없이 그저 잘

될 것이라는 막연한 믿음으로 사업에 뛰어들었다는 공통점을 찾을 수 있다. 왜 이런 곳에 가게를 냈을까, 어떻게 이런 맛으로 음식점 낼 생각을 했을까 싶은 가게들도 꽤 있다. 뭐든 지나치면 좋지 않다. 긍정성 또한 그렇다. 지나친 긍정주의가 위험한 것은 긍정성에 기대어 대충 할 가능성이 높기 때문이다. 치밀한 준비 없이 운에 맡기는 경향이 강하기 때문이다. 긍정으로 무장하고 대충 넘기는 것보다 최악의 경우를 가정하고 한 가지라도 더 철저하게 대비하는 게 여러모로 낫다.

기업 강의를 자주 하는 나 같은 사람에게 가장 큰 리스크는 강의 장소에 늦게 도착하는 것이다. 그래서 난 적어도 한 시간 정도는 일찍 도착하는 걸 목표로 나선다. 미리 도착해 현장 분위기를 살피고, 강의 주제와 관련된 정보도 들어 보며, 강의 흐름에 대해서도 재점검을 한다. 한번은 강의 장소인 연수원 위치를 착각해 다른 곳으로 간 적이 있는데 일찍 서두른 덕분에 위기를 모면하기도 했다. 그런 면에서 난 김성근 감독을 존경한다. 김 감독은 스스로를 지독한 비관론자라고 한다.

그래서 늘 완벽하게 준비한다고 한다.

세상일은 나를 중심으로 돌아가지 않으며 수많은 사람의 욕망과 상황이 만드는 변수로 인해 언제 어떤 일이 벌어질지 모른다. 시시각각 변하는 상황에서 살아남으려면 미리미리 준비해야 한다. 히든 카드로 준비하는 플랜B는 잘 나갈 때, 아무 문제가 없을 때, 평상시에 준비해 두어야 한다. 그래야 효과를 발휘한다. 배가 기울기 시작했을 때, 뭔가 문제가 터졌을 때 대처하는 건 이미 늦다. 기업의 구조 조정 또한 마찬가지이다. 사업 분야의 구조 조정, 인력의 구조 조정은 사업이 잘 될 때 하는 것이다. 하지만 기업 대부분은 사업이 잘 되면 성공에 취해 구조 조정 대신 확장 전략만을 생각하며 사람을 마구 뽑고, 사업을 함부로 벌인다. 그러다 경기가 나빠지거나 기업이 부실해지면 그제서야 부랴부랴 뭔가를 한다. 플랜B의 키워드는 '미리미리'와 '준비'이다. 이에 걸맞은 영어 속담이 하나 있다. "Make hay while the sun shines." 볕이 들 때 건초를 말리라는 뜻이다. 당신은 지금 어떠한가?

지나친 긍정은 부정보다 위험하다.
세상일은 좀처럼 자기 뜻대로 되지 않는다.
늘 생각지도 못한 일이 벌어지곤 한다.
비용은 예상치의 두 배가 들고,
시간은 그 이상이 소요되는 경우가 비일비재하다.
긍정으로 무장하고 대충 넘기는 것보다
최악의 경우를 가정하고 한 가지라도 더
철저하게 대비하는 게 여러모로 낫다.

끼는
70%만 발휘하기

미국 연예인과 한국 연예인이 다른 점이 있다. 미국은 유명해 질수록 광고를 찍지 않는다. 그런데 한국은 조금 유명해지면 마구 광고를 찍어 광고 찍으려 연예인이 된 건가 하는 생각이 든다. 그런 광고들 중에는 연예인 원래의 삶이나 모습과는 동떨어진 광고도 많아 당혹스러울 때도 있다. 빌딩을 여러 채 가진 연예인이 방 구하는 앱 광고를 한다거나 명품 옷만 입을 것 같은 연예인이 저가 SPA 브랜드 광고에 등장하는 경우가 그렇다. 왜 이런 걸 찍었을까 하는 광고조차 있어 안타까울 때도 있다.

광고 출연에도 절제가 필요하다. 먼저 품위와 품격을 지켜야 한다. '메뚜기도 한 철이다'라는 속담처럼 조금 떴다 싶으면 온 동네를 자신의 광고로 도배하는 연예인이 흔하다. 연예인이란 직업이 불안정하고, 인기 등락이 심하며, 미래 안정성이 불분명해서 '물 들어올 때 노 저을' 수밖에 없는 심정은 이해가 간다. 하지만 불안하고 혼란하기 때문에 더 절제와 균형이 필요할지 모른다.

인기를 얻기까지 어렵고 힘들었듯이, 그 인기를 꾸준히 갖고 가는 것도 어렵고 힘들다. 인기를 꾸준히 지속하기 위해선 절제와 균형이 필요하다. 갈 곳과 가지 말아야 할 곳, 할 말과 하지 말아야 할 말을 구분해야 한다. 조금 유명해지면 여기저기서 오라고 손짓하게 마련이다. 이럴 때도 자리를 가려야 한다. 오라고 한다고 다 가야 하는 건 아니다.

자신의 잠재력 중 70퍼센트 정도만 발휘하는 것이 좋다. 배터리가 완전 방전될 때까지 태우는 것보다 늘 예비 에너지를 축적해 두었다 위기 상황에 그 에너지를 꺼내 써야 하기 때문이다.

자신만의
속도가 있다

무라카미 하루키의 자전적 에세이 『직업으로서의 소설가』를 보면 하루키가 어떤 사람인지 어떤 생활을 하고 있는지 대충 알 수 있다. 베스트셀러를 한두 권 낸 작가는 제법 되지만 하루키처럼 꾸준히 글을 쓰고, 그 글들이 오랫동안 독자들에게 계속 사랑받는 작가는 드물다. 또 재능을 가진 것과 재능을 갈

고닦아 직업으로 삼는 것도 다르다.

하루키의 책에서 가장 인상적인 것은 장편 소설을 쓸 때 하루에 200자 원고지로 20매씩만 규칙적으로 쓴다는 대목이다. 아이디어가 떠올라도 더 이상 쓰지 않고 딱 거기서 멈춘다는 것이다. 반대로 잘 안 써진다 싶은 날에도 어떻게든 20매까지는 쓴다는 것이다. "쓸 수 있다고 그 기세를 몰아 많이 써 버린다든지, 써지지 않는다고 쉰다든지 하면 규칙이 깨지기 때문에 철저하게 지키려고 합니다. 타임카드를 찍듯 하루에 정확하게 20매를 씁니다. 장편 소설을 쓰는 데는 1년 가량의 긴 시간이 필요합니다. 한 가지 이야기를 머릿속에 담고 1년을 살아가려면 페이스를 유지할 수 있어야 합니다. 마라톤을 뛸 때 아무리 힘들어도 왼발과 오른발을 규칙적으로 내뻗어야 하는 것처럼, 또 초반에 아무리 힘이 있어도 너무 무리하면 안 되는 것처럼 장편 소설을 쓰는 과정도 규칙적일 필요가 있습니다." 하루키의 말이다. 하루키가 그토록 긴 시간 인기를 누리는 비결은 바로 페이스 조절이 빚어낸 결과물인 것이다.

글쓰기뿐 아니라 강의도 페이스 조절이 중요하다. 강의할 때는 톤도 조절해야 하는데 처음에는 가능하면 낮은 톤으로 천천히 말하는 게 좋다. 그러다 서서히 속도도 내고 톤도 올린다. 강조할 때는 강조하고, 목소리를 높여야 할 때는 높인다. 그렇게 하지 않으면 페이스 조절에 실패해 나중에는 자신이 감당하지 못한다.

높은 산을 오를 때도 마찬가지이다. 욕심이 앞서 빨리 걸으면 숨이 차고, 목표가 되는 높은 꼭대기를 보면서 걷다 보면 쉽게 지친다. 최고의 방법은 멀리, 높게 보지 않고 땅만 쳐다보며 걷는 것이다. 시야를 좁히면 경사는 그다지 가파르지 않게 느껴진다.

자전거를 타고 가파른 언덕을 오를 때도 기어를 가볍게 놓고 자전거가 쓰러지지 않을 정도의 속도로 오르는 것이 좋다. 혈기왕성한 이들은 멀리서부터 속력을 내어 가속도를 이용해 언덕을 타고 오른다. 이렇게 하면 어느 정도까지는 오를 수 있지만 정상까지 오르려면 힘에 부쳐 많은 이가 중도에 포기한다. 사장이 되는 것을 목표로 죽기살기로 일한 사람 중에 사장이 된 사람은 별로 없다. 오히려 그런 생각 없이 꾸준히 일한 사람이 사장될 확률이 높다.

이처럼 모든 일의 핵심 중 하나는 페이스를 잘 조절하는 것, 즉 오버 페이스를 하지 않는 것이다.

뭐든 갑작스런 것은 좋지 않다. 갑자기 운동하고 다이어트해서 뺀 살은 얼마 지나지 않아 원래대로 돌아가거나 더 나빠질 확률이 높다. 벼락부자도 그렇다. 준비되지 않은 상태에서 쏟아져 들어온 돈을 감당하지 못한다. 형제 간 칼부림이 나고, 자식들은 막 나가고, 이혼하고, 투자했다 다 말아먹고…. 사회면 기사에서 심심찮게 볼 수 있는 사연들이다.

난 내 속도로 살고 싶다. 하루는 아침에 일어나 서너 시간 글을 쓰거나 책을 읽고, 일주일은 세 번쯤 강의를 하거나 나를 필요로 하는 사람을 만나 자문하면서 사는 게 내가 원하는 내 삶의 속도이다. 딱 이 정도이면 좋겠다. 느리더라도 꾸준하게 살고 싶고, 내 능력만큼 얻고 싶다. 분수에 넘치게 유명해지는 것은 사절이다. 깜냥에 넘치는 유명세를 감당하지 못할 것 같다. 책 내용이 별로인데 베스트셀러가 되는 것도 불편하다. 갑자기 뜨는 건 두렵다. 뜬다는 것은 발이 땅에서 떨어진다는 것이고 조만간 떨어지는 것을 의미하기 때문이다. 뜨는 것보다는 내 힘으로 날고 싶다. 날기 위해서는 날개를 만들어야 하고, 날갯짓을 위한 근육을 키워야 하는데 이는 평생에 걸쳐 해 나갈 일이다. 날고 싶은지, 뜨고 싶은지, 날개는 있는지, 날갯짓을 할 수 있는 근육은 어느 정도인지 가끔씩 돌아봐야 한다.

높은 산을 오를 때 욕심이 앞서 빨리 걸으면 숨이 차고,
목표 지점인 꼭대기를 보면서 걷다 보면 쉽게 지친다.
자전거를 타고 가파른 언덕을 오를 때도
멀리서부터 속력을 내어 가속도를 이용해 언덕을 오르면
힘에 부쳐 중도에 포기하게 되고,
기어를 가볍게 놓고 자전거가 쓰러지지 않을 정도의
속도로 올라야 끝까지 가기 쉽다.
모든 일의 핵심 중 하나는 페이스를 잘 조절하는 것,
즉 오버 페이스를 하지 않는 것이다.

한 기업이 이익을 독차지할 수 없다

가끔 1,000원 숍에 간다. 이곳에는 없는 것이 없고 가격도 파격적으로 싸다. 소비자에겐 참으로 요긴한 곳이라 할 수 있다. 한번은 명동에 있는 1,000원 숍에 갔는데 8층짜리 건물 전체가 온갖 종류의 물건으로 꽉 차 있었다. 심지어 먹거리도 제법 있었다. 취급하는 상품 종류가 얼마나 될까? 이 수많은 상품을 알아보고, 구입하고, 운반하고, 재고를 관리하려면 얼마나 많은 과정이 필요할까? 이 회사는 지금도 상품 종류와 점포 수가 계속 늘어나고 있다. 별것 아니었던 회사가 이렇게 성장에 성장을 거듭한 것에 대해 경탄을 금치 못한다. 한편 의문도 생긴다. 소매가 1,000원짜리 제품이라면 제조업자는 이 유통업체에 얼마에 납품할까? 이렇게 온갖 것을 싸게 파는 대형 유통업체가 늘어나면 문방구 같은 소상인들은 장사가 될까?

업계에서는 수익 극대화란 말을 많이 쓴다. 이 말을 그리 좋아하지 않는다. 수익 극대화는 말 그대로 자신은 손해를 최대한 적게 보고 거의 모든 걸 갖겠다는 것이다.

내 이익을 극대화한다는 건 무슨 뜻일까? 다른 사람이 가져야 할 몫까지 가지려는 것 아닐까? 그런 과정에서 남에게 손해를 입히는 건 아닐까? 그건 가치 있는 일일까? 그렇게 해서까지 돈을 더 버는 게 가치 있는 일일까? 그 때문에 힘든 사람들이 생기는 건 아닐까? 난 회의적이다.

이익도 과하면 좋지 않다. 그런 면에서 생활 문화 기업인 모업체의 창립 초기 시절 일화 하나를 소개한다. 당시는 설탕이 귀해 만들기만 하면 팔리던 시절이다. 임원들이 회장에게 제품 가격 인상을 제안했다. 정가에서 50환 정도 인상해도 판매량은 별 차이 없을 것이고, 이익은 개당 10환에서 60환으로 여섯 배나 뛴다는 것이다. 이에 대해 회장은 "현재도 80억 환의 이익을 내고 있는데 여섯 배면 480억 환이 되네요. 장사에도 도의가 있습니다. 상도의상 그런 폭리를 취하면 안 됩니다. 그러니 설탕값 올리자는 얘기는 없던 것으로 합시다." 더 벌 수 있지만 어느 정도에서 그치는 것, 이것이 절제이다.

유통업체 중 코스트코의 행보는 특이하다. 물건값은 싸지만 품질이 좋아 많은 사람이 찾는다. 코스트코가 잘 되는 이유는 무엇일까? 남들과 다른 발상, 본질 집중, 과도한 이익 절제 등을 꼽을 수 있다. 유통업체는 잘 팔리는 물건이 있으면 대개 가격을 올리는데, 코스트코는 대량 구매를 통해 오히려 가격을 낮춘다. 월마트는 13만 종류의 상품을 취급하지만, 코스트코는 4,000종류 정도만 취급한다. 한 국가에서 한 카드사하고만 독점 계약하는 것도 상품 가격을 낮추기 위해서이다. 가맹점 수수료율을 낮춰 상품의 가격 경쟁력을 확보하는 것이다. 이익률이 높으면 이익률을 낮춰 고객에게 돌려주고, 사장의 월급도 동종 업계 기준으로 그리 높지 않다.

한 명의 부자를 만 명의 사람이 받쳐 주는 것이 적절할까? 한 명의 부자를 위해 사회 전체가 뒷배가 되는 것이 사회 발전에 도움이 될까? 개인의 욕망과 사회 구성원 전체의 조화에 대해 고민해 봐야 한다.

일과 가정의 균형은
시간의 문제가 아니라
관심과 몰입의 정도이다

CEO는 어려운 자리이다. 그 자리에 오르기도, 그 자리를 유지하기도 어렵다. 회사에서만 어려운 게 아니다. 가정도 지켜야 하고, 건강도 지켜야 하고, 사회적 책무도 져야 한다. 몸이 열 개라도 버티기 힘들다. 어떤 마음가짐으로 지내야 일도, 건강도, 가정도 지킬 수 있을까? 일과 가정 사이에서 균형은 어떻게 잡을 수 있을까?

첫째, 자기 인생에 가장 소중한 게 무엇인지 스스로에게 물어봐야 한다. 분명 일은 아닐 것이다. 죽을 때 "일하는 데 좀 더 많은 시간을 쓸걸."이라고 후회하는 사람은 없다.

내 경우엔 가정의 행복을 가장 소중하게 여긴다. 배우자의 사랑과 자식들의 존경을 받는 사람이 되고 싶다. 가정을 희생해서 얻은 돈과 직위는 아무 의미가 없다고 생각한다. 돈 많은 독거노인이 되고픈 생각도 없다. 또 건강하기를 원한다. 부자로 1인실에 누워 있기보다는 돈이 없어도 건강하게 돌아다니길 원한다.

인생에서 소중한 것이 나와 비슷한 이들도 있을 것이고, 다른 이들도 있을 것이다. 하지만 일에 빠져 살다 가는 삶을 가장 소중하다고 여기는 사람은 그리 많지 않다고 생각한다. 일상의 균형이 흔들릴 때는 자신에게 가장 소중한 것이 무엇인지 스스로에게 다시 물어보고, 돌아볼 필요가 있다. 그리고 그 소중한 것에 시간과 비용을 쓰고 있는지 점검해야 한다.

둘째, 일과 가정이 양립할 수 없다는 생각을 버려야 한다. 이런 생각은 유치하고, 위험하기도 하다. 일과 가정은 하나를 버리고 하나를 얻는 취사선택의 대상이 아니다. 하나를 얻기 위해 다른 것을 버리거나 희생할 필요도 없다.

심지어 일에 미친 사람조차도 가정은 중요하다. 이런 사람에게 개인적 삶은 배터리 충전소와 같다. 밖에 나가 일하고 사람 만나고 뛰어다니다 보면 배터리가 방전된다. 이때 가정에 돌아와 가족과 함께 식사를 하고, 배우자 또는 아이와 시간을 보내거나, 아니면 친구를 만나거나 자기만의 취미에 몰입하거나 하면 방전된 배터리가 충전된다. 전쟁에서 이기려면 최전방의 전투만큼이나 병참도 중요하다. 가정, 개인적 삶은 어찌 보면 병참 기지와 같은 역할을 한다.

셋째, 일과 가정의 균형은 시간을 산술적으로 배분하는 문제가 아니라 몰입의 문제이다. 하루에 8시간씩 회사, 가정, 수면 이런 식으로 시간을 안배한다고 일과 가정의 균형이 유지되는 것은 아니며, 또 그리될 수도 없다. 그때그때 상황에 맞춰 시간을 보내되 몰입이 중요하다.

한번은 공항에서 어떤 외국인이 어린 자녀와 전화하는 것을 본 적이 있다. 그는 계속해서 "Cool!", "Good job!", "Wonderful!"을 외치며 거의 30분 넘게 전화를 이어갔다. 계속되는 출장 중에도 틈틈이 시간을 내어 자녀와 이런 전화를 하는 아빠는 가족과의 관계가 소원해질 일은 없다. 가정에서 보내는 시간이 많다고 꼭 가정생활이 성공적인 건 아니다.

가정에서 보내는 시간이 늘어날수록 이혼율이 높아진다는, 아이러니한 통계가 이를 보여준다. 어떤 일에 투입한 시간과 성과가 늘 비례하는 것은 아니다. 공부를 오래 한다고 공부를 잘하는 건 아닌 것처럼 가정에서 많은 시간을 보낸다고 가정이 행복해지는 건 아니다. **중요한 것은 그 시간을 어떻게 보내는가이다.**

CEO는 어려운 자리이다. 어려운 일을 쉽게 하는 방법은 단 하나뿐이다. 바로 사랑하면 된다. 일을 미워하면 몇 시간만 그 일을 해도 몸과 마음이 다 지치고, 일을 사랑하면 밤을 새워

일해도 별로 힘들지 않다. 자신의 몸을 사랑하는가? 사랑하면 몸이 좋아하는 것을 해야 한다. 매일 밤 술을 들이키고, 담배 연기를 들이마시는 행동은 하지 않아야 한다. 그건 사랑이 아니고 학대이다.

가족 또한 마찬가지이다. 가족을 사랑하면 행동으로 보여주면 된다. 눈을 맞추고, 이야기를 들어주고, 안아 주고, 원하는 것을 알아채서 하면 된다. 일도 가정도 사랑하면 몰입하게 되고, 사랑하면 그들에게로 눈과 귀가 간다.

일과 가정은 하나를 버리고 하나를 얻는
취사선택의 대상이 아니다.
일에 미친 사람조차도 가정은 중요하다.
전쟁에서 이기려면 최전방의 전투만큼이나
병참도 중요하다.
가정은 어찌 보면 병참 기지와 같은 역할을 한다.

욕심만으로는
얻어 내지 못한다

우리 동네 아파트 앞에 작은 구멍가게가 하나 있었다. 별 특징도 없고 주인이 친절한 것도 아니지만 위치가 좋고 주변에 경쟁자가 없어 그 가게는 늘 문전성시였다. 게다가 워낙 오랫동안 그 자리를 지키고 있어서 가게 이름으로 위치를 대신 얘기할 정도였다. 그러던 어느 날, 가게가 없어지고 대신 그 자리에

4층짜리 번듯한 건물이 들어섰다. 하지만 그 건물엔 몇 년째 세입자가 들어오지 않는다. 사방이 온통 통유리로 된 건물이라 비어 있는 것을 밖에서도 훤히 알 수 있다. 대신 아파트 뒤쪽에 24시간 편의점이 들어섰는데 위치는 예전 구멍가게보다 못하지만 장사가 잘된다. 텅 빈 건물 앞을 지날 때마다 여러 생각이 든다. 건물 주인은 지금 어떤 생각을 하고 있을까? 예전 구멍가게 주인은 어디서 장사를 하고 있을까? 예전만큼 잘될까? 건물 주인은 건물을 새로 지으려 꽤 많은 돈을 투자했을 것이다. 세금은 세금대로 내면서 몇 년째 임대료 한 푼 못 받고 있을 것이다. 쫓겨난 구멍가게 주인도 안됐지만 건물 주인도 욕심에 비해 재미를 보지 못한 것 같다.

욕심과 관련해 솔로몬 왕과 참새의 재미있는 이야기가 있다. 어느 날 솔로몬 왕이 독수리를 타고 전국을 시찰하던 중 균형을 잃어 아래로 떨어질 뻔했는데, 이를 본 참새 수백 마리가 날아와 솔로몬 왕을 구해 주었다. 솔로몬 왕은 보답으로 참새들의 소원을 하나 들어주겠다고 했다. 참새들은 고민하다 솔로몬 왕이 쓰고 있는 순금 왕관을 요구했다. 솔로몬 왕은 좋은 생각이 아닌 것 같다고 얘기했지만, 참새들의 강력한 요구에 결국 모든 참새에게 황금 왕관을 주었다. 이후 참새들은 황금 왕관을 쓰고 하늘을 날아다니게 되었다. 그러자 지금까지 참새에게는 눈길도 주지 않던 사냥꾼들이 전국에서 몰려왔고, 결국 참새들은 다 죽고 다섯 마리만 남게 되었다. 그들은 솔로몬 왕에게 달려가 "우리 생각이 짧았습니다. 이제 금관은 필요 없습니다."라고 말하며 금관을 반납했고 그제야 참새들은 평화를 되찾을 수 있었다.

지인 중 잡기에 능한 사람이 있다. 그는 당구, 포커, 골프 등 내기 게임에서 발군의 실력을 자랑하는데 돈을 잃은 적이 거의 없다. 그에게 비결을 물어봤다. 비결은 간단했다. "이런 경기는 대부분 확률 게임입니다. 실수가 적은 사람이 이기지요. 그렇기 때문에 욕심을 부리는 것보다 실수를 적게 하는 것에 신경을 써야 합니다. 예를 들어, 전 골프를 칠 때 핀을 노리지 않습니다. 그저 그린 위에 올리는 데 집중합니다. 핀 앞에는 대개 해저드가 있기 때문입니다. 근데 하수들은 핀을 노리다 해저드에 빠뜨립니다. 내기의 비결은 바로 욕심을 버리는 겁니다."

'3,000만 원 투자에, 월 300만 원 보장'이란 전단지가 가끔 보인다. 요즘같이 저금리 시대에 말도 안 되는 얘기이다. 저렇게 좋은 투자라면 자기들끼리 하지 왜 저런 광고까지 할까, 뭔가 이상하다. 더 이상한 건 그걸 보고 투자하는 사람이 꼭 있다는 사실이다. '한 달에 20킬로그램 감량, 아니면 전액 환불'이란 광고도 비슷하다.

사기 치는 사람도 나쁘지만, 사기를 당하는 사람도 일정한 책임이 있다고 생각한다. 사기 당하는 사람들은 헛된 욕심을 부린다는 공통점이 있다. 일확천금을 노리다 사기를 당하는 것이다. 인위재사 조위식망 人爲財死 鳥爲食亡이란 말이 있다. '사람은 재물 때문에 죽고 새는 먹이 때문에 죽는다'는 말이다. 누구나 욕망은 있다. 문제는 지나친 욕심이다. 욕심으로 억지로 얻은 것은 결국 실속이 없고, 끝이 좋지 않다.

칭찬할 때는 정확히,
받을 때는 덤덤하게

초등학교 5학년 아이들을 두 그룹으로 나누어 실험을 했다. 첫 번째 단계에서는 두 그룹 모두에게 다소 어려운 문제 열 개를 냈고, 대부분 정답을 맞혔다. 그런데 칭찬 방법을 달리했다. 한 그룹에게는 "참 똑똑하구나."라고 했고, 또 다른 그룹에게는 "공부를 열심히 하는구나."라는 칭찬을 했다. 두 번째 단계에서는 난이도는 비슷해도 새로운 유형의 문제들과 익숙한 유형의 문제들을 섞어 하나를 선택해 풀게 했다. 노력을 칭찬받은 그룹의 90퍼센트는 새로운 유형의 문제를 선택했는데, 지능을 칭찬받은 학생 대부분은 익숙한 유형의 문제를 택했다. 세 번째 단계에서는 두 그룹 모두에게 어려운 문제를 제시했다. 지능을 칭찬받은 학생들은 끙끙거리고 괴로워했지만, 노력을 칭찬받은 학생들은 힘들어하면서도 배우는 것을 즐겼다. 그리고 마지막으로 두 그룹에게 첫 번째 단계와 유사한 문제를 다시 풀게 했다. 그 결과 지능을 칭찬받은 학생은 처음보다 20퍼센트 정도 성적이 내려간 반면에 노력을 칭찬받은 학생은 30퍼센트 정도 성적이 올라갔다.

이 연구 결과가 주는 메시지는 이렇다. '노력을 강조하는 상황에 놓인 아이들은 자제력을 배우고 스스로 성공을 통제할 수 있다고 생각한다. 반면 타고난 지능을 강조하는 상황에 노출된 아이들은 성공은 자신의 통제력을 벗어난다고 생각하고 실패에 대해서는 속수무책이 된다.' 즉, 성장형 사고방식을 갖게 되면 새로운 도전을 받아들이고 도전하는 과정을 즐기게 된다는 것이다. 『완벽의 추구』라는 책에 나온 내용이다.

그러면 칭찬은 어떻게 해야 하고, 어떻게 받아들여야 할까.
첫째, 노력이 들어간 부분은 칭찬하고, 그렇지 않은 부분은 칭찬하면 안 된다. 아이 엄마들이 가장 많이 하는 말이 "애가 머리는 좋은데 노력을 안 한다."이다. 머리 좋다는 것을 은근히 칭찬하는 식인데 이는 현명치 못하다. 머리가 좋은 건 칭찬하면 안 된다. 그건 본인이 성취한 것도 아니고, 노력 유무와도 상관없기 때문이다. 그보다는 "열심히 하는구나."라고 칭찬해 줘야 한다. 그래야 칭찬받는 아이들도 좀 더 노력을 하려고 한다.

칭찬은 반드시 효용성이 있어야 한다. 칭찬을 했음에도 아무런 변화가 일어나지 않으면 그건 의미 없는 말을 공중에 날린 것과 진배없는 것이다. 칭찬할 때는 무엇을 칭찬해야 하는지, 그 일이 칭찬받을 가치가 있는지 살펴보고 적절하게 해야 한다.

둘째, 칭찬받을 때는 일희일비하지 말아야 한다. 칭찬은 말 그대로 칭찬일 뿐이다. 칭찬 중에는 상대 듣기 좋으라고 하는 의례적인 말도 수두룩하다. 상황 불문, 맥락 불문, 의도 불문 곧이곧대로 받아들이다가는 착각에 빠지기 쉽다. 이건 나를 보더라도 잘 알 수 있다. 20년 가까이 기업 상대 강의를 하면서 강의에 대해 항상 찬사를 받은 편이다. 내가 생각해도 별로인 날조차 그러했다. 마음은 고맙게 받아들이되, 자기에 대해선 객관화를 해야 한다.

셋째, 칭찬에는 평가라는 측면이 숨어 있다. 심리학자 아들러는 평가 심리를 이렇게 분석한다. "칭찬이란 행위에는 평가 측면이 있는데, 칭찬하고 칭찬받으려는 것은 인간관계를 수직으로 본다는 것이다. 칭찬하는 사람은 윗사람이고 칭찬받는 사람은 아랫사람이라는 프레임이 있다. 칭찬은 상대를 아래로 보고 개입을 하는 것이며, 나는 옳고 상대는 틀렸다는 생각이 깔려 있다. 또 칭찬받고 기쁨을 느낀다면 수직적 인간관계에 종속되어 있는 것이다. 이는 바람직하지 않다. 사람과 사람의 관계를 수평으로 보면 조종하려 하지 않고, 칭찬도 야단도 치지 않게 된다. 수평적 인간관계를 맺고 있다면 감사, 존경, 기쁨의 인사 같은 말을 나눈다. 또 자신을 가치 있는 사람으로 여긴다면 스스로 내적 용기를 얻고, 타인을 평가하지도 않는다." 아들러는 심리적 기저를 분석하면서 '칭찬이라는 것의 환상을 통찰했다.

칭찬의 여러 속성을 살펴볼 때 칭찬을 지나치게 하는 것은 조심하고, 받는 것에는 무덤덤해져야 한다. 듣기 좋은 말도 한두 번이라 과한 칭찬은 다른 사람의 시기와 질투를 불러일으킨다.

또 말로만 하는 칭찬도 피해야 한다. 칭찬과 함께 뭔가 후속 조치가 있어야 한다. "말로만 하는 칭찬은 소용없다. 칭찬 뒤에는 반드시 포상이 따라야 한다. 칭찬은 말로 하는 게 아니라 지갑으로 하는 것이다." 안토니 구두의 김원길 대표가 한 말인데 이 말에 전적으로 동의한다.

칭찬은 고래도 춤추게 할 수 있을 정도로 다른 사람의 인정 욕구를 고양하는 행위이다. 하지만 정확하게 하고, 제대로 된 방법으로 해야 한다.

칭찬받는 것에 중독되는 것도 조심해야 한다. 칭찬에 중독되면 계속 칭찬받으려 애를 쓰게 된다. 이는 다른 사람의 칭찬에 자신과 자신의 인생을 맡기는 격이다.

프로이트는 "누군가 칭찬할 때 그만하라고 말하고 칭찬을 거부하기는 쉽지 않다. 비판에 대해서는 방어가 가능하지만 칭찬에 대해서는 무기력할 수밖에 없다. 칭찬은 자유를 말살한다."고 했다. 칭찬이 스스로의 자유로움을 구속할 수도 있다는 의미이다. 일본에는 '호메고로시'란 말이 있다. '호메루(ほめる)'는 칭찬, '고로시(ころし)'는 죽음을 뜻한다. 즉, 칭찬으로 사람을 죽인다는 뜻이다. 필요 이상으로 칭찬해서 상대방의 투지나 의욕을 잃게 하거나, 약점을 치켜세우면서 사실은 비난할 때 쓰인다. 성철 스님은 "칭찬과 숭배는 나를 타락의 구렁으로 떨어뜨린다. 천대와 모욕만큼 나를 굳세게 하는 것은 없다."고 했고, 루드비히 14세는 "내가 훈장을 줄 때마다 시기하는 자 아흔아홉

명과 고마움을 모르는 자 한 명을 만들어 내고 있다."고 했다. 모두 과도한 칭찬, 잘못된 칭찬은 오히려 독이 된다는 말이다.

칭찬에 너무 큰 의미를 두지 않는 것이 좋다. 남이 나를 칭찬한다고 내가 더 좋은 사람이 되는 것도 아니고, 반대로 남이 날 비난한다고 내가 더 나쁜 사람이 되는 것도 아니다. 칭찬은 그저 칭찬일 뿐이다.

칭찬할 때는 무엇을 칭찬해야 하는지,
그 일이 칭찬받을 가치가 있는지 살펴보고 적절하게 해야 한다.
반면 칭찬받을 때는 일희일비하지 말아야 한다.
칭찬 중에는 상대 듣기 좋으라고 하는 의례적인 말도 수두룩하니
마음은 고맙게 받아들이되, 자기에 대해선 객관화를 해야 한다.
무엇보다 칭찬에 너무 큰 의미를 두지 않는 것이 좋다.
칭찬은 그저 칭찬일 뿐이다.

나이테를
보라

지금은 망한 모 그룹은 몇 년간 연 600퍼센트씩 성장했다고 한다. 자기 몸의 여섯 배가 커진 것이다. 일도, 사람도, 필요한 물건도 여섯 배로 늘었을 것이다. 조직 분위기는 어땠을까? 활기는 있을지 모르지만 혼란도 동반되었을 것이다. 갑작스런 성장은 혼란을 가져온다. 사람도 갑자기 키가 크거나 몸무게가 늘면 허리나 무릎 같은 관절에 무리가 온다. 많은 경영자들은 성장에 목숨을 건다. 성장 아닌 정체는 그 자체로 죽음이라 생각한다. 맞는 말이다. 성장은 중요하다. 하지만 급격한 성장은 위험할 수 있다. 『나이테 경영, 오래가려면 천천히 가라』라는 책에 이에 관해 설득력 있는 설명이 있어 그 내용을 소개한다.

나무의 나이테를 보면 꾸준히 성장하는 것이 옳은 선택이란 걸 알 수 있다. 나이테는 추위, 더위, 비바람 등 환경의 영향을 받아 같은 종류의 나무라도 폭이 조금씩 다르다. 그러나 아예 안 생기는 일은 없다. 나이테는 반드시 생기고 나이테만큼 나무는 조금씩 성장한다. 이런 모습은 회사가 나아가야 할 본연의 모습과 일맥상통한다. <mark>나무가 어릴 때는 나이테 폭이 굉장히 넓지만 어느 정도 성장하고 나면 폭이 좁아지기 시작한다.</mark> 자연의 섭리다. 나이테의 폭이 좁아진다는 것은 성장률이 낮아진다는 것을 의미한다. 그러나 이미 나무 둘레가 충분히 커서 성장률이 떨어져도 성장의 절대치는 꽤 크다. 경영도 마찬가지다. 회사가 어느 정도 성장하면 이때부터는 전년 대비 성장률이 아니라 성장 자체의 절대치를 중시해야 한다. 이처럼 나무의 나이테에서 배울 수 있는 경영 원칙을 '나이테 경영(연륜 경영)'이라고 부른다.

경영자가 의식적으로 광고를 늘리거나 판로를 확장하면 일시적으로는 매출이 올라간다. 그러나 그것은 외부 환경에 의존한 수치상 증가일 뿐, 회사 자체가 성장한 것은 아니다. 만약 일시적으로 증가한 수치에 현혹되어 매출 증대에 집중하다 보면, 나머지 중요한 부분들은 매출을 따라가지 못하는 현상이 발생한다. 직원의 역량이 성장하고, 그에 따라 개발, 생산, 판매 등의 모든 요소가 확장됨으로써 전체적인 매출 수치가 상승하는 성장만이 장기적으로 회사에 도움이 된다. 모든 면에서 무리 없이 균형을 유지해야만 이상적인 성장이라 할 수 있다. 이런 관점에서 숫자로 제시하는 성장 목표는 큰 의미가 없다. 이익과 매출 수치는 나이테 경영의 결과이므로 매출이 전년 수준을 밑돌지 않는다면 굳이 숫자로 된 성장 목표를 제시할 필요는 없기 때문이다. 성장률은 나이테가 환경의 영향에 따라 결정되는 것처럼 자연스러운 흐름에 맡기는 편이 좋다. 매출을 향상시키는 것이 경영의 주된 목표가 되어서는 안 된다. 직원들이 할 수 있는 범위 내에서 최선을 다해 능력을 발휘할 수 있도록 여건을 마련해 주면 매출은 저절로 따라오기 마련이다.

많은 경영자들이 자신의 영광을 위해 회사를 급성장시키려 하지만, 급성장은 급속한 몰락을 가져온다. 무리하게 급성장을 추구하다가 자기 회사는 물론 거래처까지 어려운 상황에 빠뜨리기도 한다. 사자는 배가 부를 때는 얼룩말이 지나가도 공격하지 않는다. 사자는 배가 고플 때만 사냥한다. 사냥을 할 때도 욕심 내지 않고, 실리만 챙긴다. 건장하고 큰 사냥감이 아니라 작고 약해서 쉽게 잡을 수 있는 사냥감을 목표로 한다. 필요 이상으로 덤비지 않는 것, 이것이 자연의 섭리다. 인간은 흔히 유혹에 빠져 자연의 섭리를 거스르고 욕심에 눈이 어두워 급성장을 추구한다. 필요 이상의 것을 얻어내려는 태도는 자연적이지 않다. 지금처럼 풍족한 시대에 성장만이 선이라고 생각하는 것은 협소한 시각이다.

조금 비어 있는
완충 지대

아파트 발코니를 확장해서 거실을 넓힌 집들이 많다. 발코니를 없애는 건 발코니의 효용성이 없다고 여기기 때문일 것이다. 그래서 쓸모없는 발코니보다는 넓은 거실을 원했을 것이다. 하지만 발코니는 저만의 쓸모가 있는 공간이어서 발코니가 없기에 생기는 아쉬운 점도 많다. 그중 하나가 비 오는 날 창

문을 열 수 없다는 것이다. 내실과 바깥의 완충 지대가 없다 보니 비가 바로 거실로 들이쳐 버린다.

발코니처럼 그 쓸모를 제대로 인정받지 못해서 낭비하는 영역, 줄이거나 아껴야 하는 영역으로 여겨지는 것들이 많다. 잠이 대표적이다. 자신에게 주어진 하루 24시간 중 잠자는 시간을 낭비라고 여겨 잠을 아끼고 그 시간에 일을 해야 한다고 여기는 사람들이 꽤 된다. 과연 그럴까? 그렇지 않다. 잠이란 낮 동안 입력된 정보 처리를 위한 필수 시간이다. 여백도 그렇다. 빠듯한 것보다는 여유가 있는 게 좋다. 역량 발휘도 그렇다. 자기 역량을 120퍼센트 발휘하는 것보다는 70퍼센트 정도 발휘하면서 사는 게 낫다. 오디오도 출력의 70퍼센트 정도로 들을 때 편안한 소리가 난다고 한다.

가득 찬 것보다는 조금 빈 것이 좋다. 뭐든 틈이 있어야 튼튼하다. 채우는 일보다 중요한 일은 틈을 만드는 일이다. 장자는 이를 낙출허樂出虛라 했다. 최상의 즐거움은 텅 빈 것으로부터 온다는 것이다. 그게 바로 텅 빈 충만이다. 나도 최대한 이처럼 살아 보려고 한다. 스케줄을 잡을 때는 일부러 여유 시간을 많이 둔다. 일주일에 하루는 빈 날을 만들고 하고, 하루에 약속은 두 개 이상 잡지 않으려 한다. 그래야 비상시에 대비할 수 있고, 더 좋은 기회를 잡을 수 있고, 무엇보다 마음이 평화롭다.

지나친 의전, 그리고 과공비례 過恭非禮

의전을 지나치게 강조하는 사람을 본 적이 있다. 그는 늘 의전이 전부이고, 의전만큼 중요한 게 없다. 게다가 자신은 평생 의전에 가장 많은 신경을 쓰며 살았다고 자랑스럽게 얘기한다. 그래서인지 강의 때 마중 나오지 않았다는 이유로 약속된 강의를 안 하겠다고 난리를 피운 적도 있다고 했다.

의전은 중요하다. 국가 행사나 외교 모임에서는 의전이 전부일 수 있다. 하지만 일상에서 의전이 그리 중요할까? 가정에서 의전을 따지면 어떤 일이 일어날까? 아버지가 들어올 때마다 온 집안 식구가 기립해 깍듯하게 인사를 하면 아버지의 기분은 어떨까? 짐작컨대 그리 좋을 것 같지 않다. 격식을 차려야 하는 기념식장 같은 분위기여서 아버지는 아버지대로, 다른 가족들은 다른 가족들대로 편치 않을 것이다.

난 태생적으로 의전을 좋아하지 않는다. 중요하게 생각하지도 않는다. 담담하게 예의를 갖춰 적당하게 대하는 걸 좋아한다. 내가 누군가를 마중 나가는 것도 불편하고, 누가 나를 마중 나와 수선스레 구는 것도 좋아하지 않는다. 강의를 하러 갔을 때도 마중 나오지 않는 게 좋고, 나온다면 딱 입구까지만 나오면 좋겠다. 강의장이 어딘지 알아야 하고 회사 관련해 물어볼 것도 있기 때문이다. 가방을 들어주고, 화장실 앞까지 쫓아오고, 대기실에서 이것저것 묻는 건 조금 귀찮다. 주차장까지 나와 배웅하는 것도 사절이다. 강의가 끝나면 나도 볼일이 있기 때문이다. 화장실도 들리고, 주변도 기웃거리며, 홀가분하게 가고 싶다. 마음 씀씀이는 알겠는데 나는 자유가 좋다.

예의도 그렇다. 예의는 더불어 사는 세상에서 서로에 대한 존중을 말투나 몸가짐으로 나타내는 것이다. 원만한 대인 관계를 위해 필요한 절차이다. 사람은 예의가 있어야 한다. 무례한 사람과 있는 건 불편하다. 하지만 예의도 지나치면 좋지 않다. 그래서 나온 말이 과공비례過恭非禮이다. 지나치게 공손함은 예의에서 벗어난다는 뜻이다.

그런데 지나치게 상대를 의식해 아무런 폐를 끼치지 않는 걸 사회생활의 궁극 가치로 삼는 사람들도 있다. 일본인들이 그런 성향이 강하다. "일본에는 '다른 사람에게 폐를 끼치지 않는다'는 말이 있다. 정말 싫어하는 말이다. 사람은 누구나 있는 것 자체가 타인에게 폐가 된다. 폐를 끼치고 싶지 않다면 서로에게 아무도 없는 편이 낫다. 폐를 끼치지 않는 관계란 있을 수 없다. 발톱을 세우지 않으면, 관계를 갖지 않으면 어떤 것도 시작되지 않는다." 미야자키 하야오의 말이다.

의전은 형식의 지나침이고, 과공비례는 공손함의 지나침이다.

2장

일상에 대하여

맛있는 음식은
간이 적다

선거철이 돌아오면 여기저기서 후보들이 유세를 한다. 하지만 난 거의 듣지 않는다. 그럼에도 불구하고 가끔 뉴스를 보다 할 수 없이 듣게 되는 경우가 있다. 내용이 별로 없고 진정성도 떨어져 보이는데 그들은 시종일관 목소리를 높인다. 내용도 없는데 왜 저렇게 소리를 높일까? 저런 연설을 듣고 표를 주는 사람이 있을까? 선거 유세라서 저러는 걸까, 아니면 평소에도 목소리를 높이는 걸까?

난 쓸데없이 목소리를 높이는 사람을 신뢰하지 않는다. 특히 차분하게 얘기해도 되는 내용과 상황임에도 목소리를 높일 때는 더 그렇다. 말의 알맹이가 없으니, 설득력이 떨어지니 저러나 하는 의구심이 들기도 한다.

강사 혼자 처음부터 흥분하는 강의를 들은 적이 있다. 밑도 끝도 없이 어떻게 저리 혼자 흥분할 수 있는지 신기했다. 마음은 불편했다. 내용도 없고 재미도 없는데, 강사는 시종일관 자신만만했고 흥분했다. 강사가 그럴수록 강의장 분위기는 점점 냉랭해졌다. 청중들의 반응이 차갑자 강사는 "끝내주지 않아요?", "정말 대단하지 않습니까?", "재미있지요?" 하며 동의를 이끌어 내려 애썼다. 청중들은 마지못해 고개를 끄덕이거나 동의를 표시했다. 강사가 흥분할수록 청중은 차가워질 수 있다는 사실을 그 강의를 들으며 알았고, 나는 또 배웠다. 다중 앞에서 혼자 흥분하면 안 된다.

복면가왕 같은 블라인드 프로그램을 좋아한다. 복면을 써서인지 부르는 사람도, 듣는 사람도 선입견 없이 노래를 부르고 즐긴다. 정말 우리나라에는 노래 잘하는 사람이 많다. 프로그램이 몇 년째 계속돼 밑천이 떨어질 때도 된 것 같은데, 대단한 가수들이 끝도 없이 계속 등장한다. 가수들의 노래도 좋지만 거기 나온 게스트들의 반응도 볼거리이다. 근데 너무 심하게 감탄하는 모습은 어쩐지 작위적으로 보인다. 물론 텔레비전을 통해 보는 것은 현장에서 실제 보는 것과는 감흥이 다르고, 그 감흥이 표현되는 정도와 방식도 다를 것이다. 그럼에도 불구하고 어쩌면 매번 저렇게 감탄할 수 있는지 의문이다. 그것도 입을 쩍 벌리면서까지 놀라는 것은 남들 눈을 의식해 실제보다 더 크게 리액션을 하는 것일 게다.

난 감정이 과한 것을 좋아하지 않는다. 호들갑, 엄살, 흥분, 침소봉대 같은 것을 좋아하지 않는다. 감정은 절제할 때 더 빛이 난다. 조용필의 얘기가 떠오른다. 조용필이 가수 활동 25주년 기념 공연을 앞두고 일간지 기자와 대담을 했다. 이 대담에서 조용필은 자신의 음악 활동 25년이 후회의 연속이라고 말했다. 왜 그런 말을 하냐고 기자가 묻자, 곡 스타일은 둘째로 치고 노래할 때 감정을 지나치게 발산한 것이 후회된다고 답했다. 그러면서 이런 말을 덧붙였다. "요즘은 노래할 때 감정을 굉장히 절제합니다. 영원히 들을 수 있는 노래는 감정을 누르고 눌러 내면에서 우러나야 한다는 깨달음 때문입니다. 감정을 안에 숨기는 것, 표현하고자 하는 걸 오히려 꽁꽁 싸서 가슴속에 안고 가는 게 중요하다는 걸 알게 됐습니다."

조용필의 말처럼 노래를 하거나, 또 시를 쓸 때도 지나친 감정 표현은 누르는 게 좋다. 처음부터 가슴이 찢어진다느니, 좋아서 미치겠다느니 하면 거부감부터 생긴다. 글도 그렇다. 최상급이나 너무 꾸민 말은 피하는 게 좋다. 맛있는 음식일수록 간이 적다. 원재료가 안 좋을 때 간을 심하게 한다. 좋은 음식은 원재료 맛을 충분히 살리는 것이다. 감정도 그렇다. 감동이란 강요해서 되는 것이 아니다. 내가 담담하게 얘기해도 감동할 얘기면 다 감동하고, 그렇지 않으면 무덤덤한 것이 세상 이치이다. "일류는 자신은 무심하게 부르지만 듣는 이는 감동한다. 이류는 부르는 이와 듣는 이가 함께 감동한다. 삼류는 부르는 이 혼자 감동한다." 가수 이승철의 말이다. "독자를 울리려면 필자는 울면 안 된다. 자신이 다 울어 버리면 독자들은 울 여지가 없다. 감정의 과잉보다 절제가 중요하다." 허영만의 말이다.

건강 염려가
건강을 해친다

위 내시경 받는 걸 좋아하지 않는다. 첫 기억이 별로 좋지 않기 때문이다. 별거 아니란 얘기를 듣고 누웠는데 굵은 호스가 보였고, '저게 설마 내 입으로 들어오는 건 아니겠지?'라고 생각했는데 그게 들어와 버렸던 것이다. 의사가 들어와 그 호스를 입에 넣는데 올 것이 오고 말았다는 생각이 들었다. 게다가 그

의사는 세심하지 못하고 여러모로 거칠었다. 난 호스를 넣기 시작할 때부터 헛구역질이 나고 눈앞이 아득해졌다. 의사는 오히려 나를 야단쳤다. 다 큰 어른이 이 정도도 못 참느냐는 것이다. 난 반발심이 생겼다. "그럼 당신이 누워 봐. 내가 한번 집어넣어 줄게."라는 말이 목구멍까지 치밀어 올랐다. 길지 않은 시간이었지만 다시는 이런 짓을 하고 싶지 않았다. 건강 검진 받다 오히려 몸을 망칠 것 같다는 생각마저 들었다.

  몇 년 뒤 다른 병원에서 또 위 내시경을 받게 되었다. 이전과 비교해 호스도 가늘어졌고, 의사도 매우 친절해 나를 살살 달래며 위 속을 살폈다. 의사는 계속해서 "참 잘 참네요. 거의 다 끝나가요."라는 말을 반복했다. 물론 그 말을 다 믿지는 않았지만 지난번 의사와는 달랐다. 견딜만 했다. 문제는 며칠 뒤에 나온 결과였다. 의사가 심각한 얼굴로 위에서 뭔가가 발견됐다면서 정밀 진단을 받자는 것이다. 내게는 선택할 권한이 없었다. 세포를 떼어 내고 일주일쯤을 기다렸다. 그 일주일은 악몽 같은 시간이었다. 별별 생각이 다 들었다. '죽기엔 너무 젊은 거 아닌가? 제대로 살아보지도 못했는데 좀 억울하다. 그러나저러나 내가 죽으면 애들은 어떻게 하지? 아내는? 아내에게는 재혼을 하라고 하는 게 나을까? 하지 말라고 할까?' 그러고는 다시 병원을 찾았는데, 의사는 환하게 웃으며 아무것도 아니란다. 위 내시경을 위해 걸쭉한 뭔가를 마셨는데 거기에서 기포가 생겼고 그걸 종양으로 착각했다고 했다. 안심이 되면서도 억울했다. 이게 도대체 무슨 짓인가 싶었다. 병원 왔다 갔다 하느라 돈과 시간 썼지, 내시경 받느라 고통스러웠지, 일주일간 마음 고생했지…. 도대체 내가 왜 이래야 하나란 생각이 들었다. 그 이후 이런저런 이유로 건강 검진을 미루고 하지 않게 된다.

나와 달리 건강 검진에 신경 쓰는 사람들이 많다. 쇼핑몰 가듯 조금만 이상해도 병원을 찾는데, 의사의 괜찮다는 말을 듣기 위해서이다. 물론 건강 검진은 필요하다. 조기에 병을 발견해 치료해야 오랫동안 건강하게 살 수 있다. 하지만 건강 검진을 자주 받는다고 건강해지는 건 아니다. 지나친 건강 검진은 바람직하지 않다. 특히 고령일 때는 더욱 그러하다. 내시경 검사로 콩알만 한 용종이 발견되었다 하더라도 그 용종이 자라는 기간, 그 용종이 암으로 전환할 확률과 나이를 감안하면 그렇다. 미국에서는 85세 이상 노인에게는 대장암 검진을 권장하지 않는다고 한다. 고령의 노인에게는 대장 내시경 검사 자체가 고역이고, 그 과정에서 탈이 생길 수도 있기 때문이다. 어떤 유명 인사는 폐암 진단을 받았지만 아무런 치료를 받지 않고 있다. 그 나이에 항암 치료를 받으면 오히려 생명을 줄일 수 있다고 판단했기 때문이다. 그분이 폐암 진단을 받은 지 5년째인 어느 날, 난 그분의 강의를 들었다. 강의 후 폐암에 대해 물으니 별다른 이상이 없다고 했다.

나는 건강 검진 대신에 근육 운동과 걷기 운동을 한다. 고령 사회에서는 인지 기능, 보행 근력, 배뇨 등 일상에 영향을 주는 신체 기능을 꾸준히 유지시키는 내구력이 중요하다. 건강, 이 또한 지나치게 염려하고 호들갑 떨지 않는 게 좋다.

지금은
혼자 있는 시간

사람은 사회적 동물이다. 사람들 사이에서 존재할 수밖에 없다. 그런데 사회성이 지나쳐 혼자 있는 걸 못 견디는 사람들이 있다. 틈만 나면 주소록을 뒤져 전화하고, 카톡 보내고, 자꾸 약속을 만들고, 그리고 자신과 같이 모여야 안심한다. 그러고 자신이 잘 살고 있다고 위안한다. 하지만 사람은 역설적으로 자기만의 시간 또한 필요하다. 사람은 다른 이들과 부대끼며 성장하지만 혼자 있을 때도 성장한다. 뭔가를 배우거나 공부하려면 혼자만의 시간이 있어야 한다. 관계에서 벗어나 홀로 서기를 해야 하는데, 혼자가 된다는 게 사실 쉽지는 않다. '홀로 있음'에 대해 스스로 필요성을 느끼고 강한 의지가 있어야 한다.

괄목상대刮目相對란 말이 있다. 눈을 비비고 상대방을 본다는 뜻으로, 남의 학식이나 재주가 놀랄 만큼 향상된 것을 이르는 말이다. 중국 역사책 『삼국지』에 나오는 오나라 장군 여몽은 무술은 뛰어나지만 학식이 딸렸다. 손권은 이런 여몽에게 공부를 하라 일렀고, 여몽은 학문을 닦기 시작해 일취월장했다. 오랜만에 여몽을 만난 오나라 도독 노숙은 예전의 여몽만 기억하고 은근히 마음속으로 무시하고 있었는데, 여몽의 학문이 깊어졌음을 보고 깜짝 놀랐다. 괄목상대란 말은 이때 여몽이 "선비는 모름지기 여러 날을 떨어져 있다가 다시 만나면 눈을 비비고 다시 봐야 할 정도가 되어야 합니다."라고 한 데서

비롯된 고사성어이다.

　괄목상대할 만한 사람이 되는 제1의 조건은 독서이다. 밥을 먹지 않으면 생존할 수 없고, 운동하지 않고는 몸을 만들 수 없듯이 독서 없이는 내면이 성장할 수 없다. 자신을 변화시키는 데 독서만 한 방법이 없다. 지속적으로 독서하는 사람과 하지 않는 사람은 세월이 흐른 후 큰 차이가 난다. 그러니 매일 독서하고 손에서 책을 놓지 말아야 한다.
　글을 쓰는 것도 내적 성장을 위한 좋은 방법이다. 글을 쓰면 자신도 모르게 생각이 정리되고 차분해진다. 독서와 글쓰기는 자신만의 시간에 할 수 있는 일이다. 사실 책을 읽고 글을 쓰면 좋다는 것을 모르는 사람은 없다. 하지만 정작 이 일을 하는 사람은 별로 없다. 시간이 부족하기 때문이라고 한다. 운동을 못하는 것도, 책을 읽지 못하는 것도, 글을 쓰지 못하는 것도 다 시간이 없기 때문이라고 말한다. 그렇다면 언제쯤 시간이 날까? 그런 날이 오기는 할까? 어쩌면 영원히 시간이 나지 않을 수도 있다. 시간은 나는 것이 아니고 내는 것이다. 시간을 내는 유일한 방법은 우선순위를 바꾸는 것이다. 다른 일을 하고 남는 시간에 운동하고 책을 읽겠다고 생각하지 말고 여기에 우선적으로 시간을 배정해야 한다.

다음은, 의도적으로 혼자여야 한다. 우선순위만큼이나 중요한 게 혼자 있는 시간을 확보하는 것이다. 하루 종일 사람들과 어울려 보내면서 공부할 시간이 없다고 하거나, 내려다보면 자신의 발을 가릴 정도인 남산만 한 배를 그렇게 미워하면서 운동할 시간이 없다고 하는 사람들이 많다. 자신만의 시간을 우선적으로 만들어 자신을 위해 써야 한다. 아이들은 잘 때 성장하고, 어른들은 혼자 있을 때 성장한다. 사람들과 있을 때는 배우며 느끼고, 혼자 있을 때는 그것을 소화해 자기만의 것으로 만들어야 한다. 그래서 같이 있는 시간만큼 혼자만의 시간이 중요하다.

난 사람들과 사귀는 것을 좋아하고, 만나는 시간을 즐긴다. 같이 밥을 먹고 서로의 근황을 얘기하고 대화를 나누는 것은 그 자체로 큰 기쁨이다. 그런데 같이 있는 시간이 길어지면 힘들다. 특히 단체로 여행 갔을 때 그렇다. 계속 사람들 사이에 있으면 에너지가 고갈되는 느낌이 든다. 주변을 의식해야 하고, 듣고 싶지 않은 얘기도 들어야 하고, 하고 싶지 않은 얘기도 해야만 하기 때문이다.

솔직히 난 혼자 있는 시간을 더 즐기는 편이다. 만남과 만남, 약속과 약속, 사람과 사람 사이의 빈 시간을 좋아한다. 강의나 약속이 없는 날은 가슴이 설레기도 한다. 이 날을 어떻게 보낼까 궁리해 혼자 산에도 오르고, 운동도 하며, 영화도 보고, '혼밥'도 하며, 서점에도 들르고, 찻집에 들어가 글도 쓴다. 하늘도 보고, 나무도 보고, 지나가는 사람들 표정도 살핀다. 그렇게 홀가분할 수가 없다. 혼자 있다 보면 많은 생각을 하게 된다. 깜빡 잊고 있던 일도 떠오르고, 써야 할 글의 소재도 생각나고, 보고 싶은 친구 생각도 나고, 반성도 하게 되고, 미래 계획도 세우게 된다.

사람을 만나는 것도 지나치면 좋지 않다. 항상 분주한 사람들이 있는데, 뭐가 그리 바쁜지 옆에 있는 사람까지 정신없

게 만든다. 그런 사람은 모임도 많아서 마치 선거 출마를 앞둔 사람 같다. 주중은 주중대로 바쁘고 주말은 어딘가로 꼭 놀러 가야 직성이 풀리는 듯하다. 한시도 가만히 있지를 못하는 것이다. 꼭 바쁜 것이 유능하고 잘 사는 것은 아니다. 억지로라도 혼자만의 시간을 갖길 권한다. 그때 성장한다.

뭔가를 배우거나 공부하려면
혼자만의 시간이 있어야 한다.
사람들과 함께 있을 때는 배우며 느끼고,
혼자 있을 때는 그것을 소화해
자기만의 것으로 만들어야 한다.
아이들은 잘 때 성장하고,
어른들은 혼자 있을 때 성장한다.

효자 남편은
불편하고 힘들다

성공한 박 사장 부인에게 그리 훌륭한 분과 사는 재미가 어떤지 물어본 적이 있다. 부인은 어이없는 표정을 지으며 이렇게 얘기했다. "도대체 훌륭하다는 정의가 뭡니까? 사회적으로 유명하고 돈 좀 벌면 훌륭하고 성공한 건가요?" 호의를 갖고 던진 질문에 불만 섞인 의외의 답변을 듣고 당황했다. 부인이 그

뒤를 이어 한 얘기는 대강 이렇다. "그 사람은 결혼하지 말았어야 할 사람입니다. 혼자 사는 게 나았을 것 같아요. 결혼을 해도 어머니한테서 전혀 독립하지 못했어요. 아들과 어머니 사이가 워낙 밀접해 부인인 내가 끼어들 틈이 없어요. 아무리 바빠도 매주 어머님을 찾아 뵙고, 어머님 말씀을 한 번도 거절한 적이 없어요. 시댁에 가면 전 완전히 개밥의 도토리입니다. 두 사람은 방에 들어가 방문을 닫고 얘기를 합니다. 무슨 할 얘기가 그리 많은지…. 어머님과 살지 왜 저랑 결혼했는지 정말 알다가도 모를 일입니다. 시어머님은 자식이 여럿 있는데도 저희 남편이 워낙 잘하니까 모든 걸 그이에게 의존하세요. 게다가 아들이 성공하고 나니 어머님은 더 기고만장하시고요. 우리 아들같이 성공한 사람과 사는 네가 얼마나 복 받은 사람이냐는 식이지요. 효자하고 사는 건 정말 피곤한 일입니다. 효자는 결혼하지 않고 평생 어머니하고 살아야 해요."

김 부장도 비슷한 케이스다. 매일 어머니에게 안부 전화를 하고, 시시콜콜한 것까지 다 어머니에게 보고하고 결재를 득한다. 덕분에 어머니는 아들 집에서 일어나는 일을 모두 꿰차고 있다. 어머니는 그런 아들이 기특하다. 다른 집들은 아들이 결혼하고서 남이 되었다, 아들 빼앗겼다 하면서 한탄을 한다는데 자기 아들은 다르기 때문이다. 다만 아들이 워낙 잘하니까 상대적으로 며느리는 탐탁치 않아 보인다. 며느리는 자신한테 살갑게 굴지도 않고, 전화도 안 한다는 생각이 드는 것이다. 며느리 얘기를 들어보면 이해가 된다. "남편과 시어머님이 워낙 가까워서 제가 끼어들 틈이 없습니다. 두 사람이 매일 전화하고, 남편이 중요한 건 저보다 어머님과 먼저 상의를 해요. 그러니 안부 전화할 필요가 있나요? 어머님께서 모르는 일이 있어야 전화를 드려서 알려 드리거나 여쭤 보지 않겠어요? 제가 할 일은 두 사람이 잘 지내도록 저만치 떨어져 있는 거예요."

효자 남편을 둔 아내가 시어머니에게 잘하는 건 쉽지 않다. 아내가 할 역할이 별로 없어서다. 남편이 자기 어머니에게 그리 잘하는데 며느리까지 나설 일도 별로 없고, 성에 차지도 않을 터이며, 또 썩 내키지도 않을 것이다. 당신은 당신 부모님에게 잘하고 난 내 부모님에게 잘하자는 생각이 들면서 냉소적으로 바뀔 가능성도 있다. 세상사 모든 것이 지나치지 않는 게 좋듯이 효도 또한 그러하다. 또, 결혼을 한다는 것은 부모의 슬하에서 벗어나 독립한 가구의 구성원으로 생활을 꾸려 나가는 것이므로 가족 관계에서도 결혼 전과 후는 역할 변화가 있어야 한다. 내가 생각하는 결혼 후 영리한 효자는 이런 모습이다. 어머니와 애써 거리를 둔다. 전화도 덜하고, 집에도 덜 방문하고, 부러 나 몰라라 한다. 처음엔 어머니 입장에서 괘씸해할 것이다. 하지만 그렇게 해야 시어머니와 며느리도 소통할 거리, 소통할 필요성이 생긴다. 두 사람은 전화를 하고, 집안의 이런저런 대소사도 상의하며, 서로 아들 흉, 남편 흉도 보면서 정서적 친밀감도 쌓인다. 불효자가 되고 싶어 하는 사람은 없을 것이다. 하지만 나이에 따라, 자신의 처지에 따라 역할을 잘 수행해야 한다. 지나친 효도가 배우자의 무관심을 부르고, 다른 형제의 시기 질투를 부른다면 어찌 바람직하다 할 수 있겠는가. 효자 남편은 자신과 그 어머니 외에는 다 불편하고 힘들게 한다.

생각의 많은 부분은 쓸데없는 생각

우리 몸의 주인은 무엇일까? 주인인지 무엇으로 판단할 수 있을까? 가장 에너지를 많이 쓰는 곳이 몸의 주인이다. 우리는 어디에 에너지를 가장 많이 쓰는가? 움직이지 않은 채 하루 종일 이 생각 저 생각을 한다면 뇌가 주인이다. 하루 종일 산을 타고 있다면 다리가 주인이다. 사람마다, 상황마다 몸의 주인은 달라진다. 오늘날 우리 몸의 주인은 뇌가 되었다. 즉, 생각이 너무 많아졌다. 이에 대한 어떤 견해 하나를 소개한다. "뇌는 우리 몸의 주인이 아니다. 진화 과정에서 뇌는 한참 뒤에 나타난다. 몸의 중심은 입과 성기이다. 인간이 최강의 포식자가 된 것은 언어 중추가 발달했기 때문이고, 이로 인해 문명이 발달했다. 근데 문명이 극도로 발달하면서 주객이 전도되었다. 몸을 위한 부속 기관인 뇌가 주인 행세를 한다. 몸에서 유리되어 제멋대로 논다. 그 결과 각종 신경 질환이 발생한다. 히스테리, 우울증, 정신 분열증, 공황 장애 등은 뇌가 주인 노릇을 함으로써 일어나는 정신 질환이다. 수행의 목표는 뇌가 분수를 지키게 하는 것이다. 뇌를 제자리에 갖다 놓는 것이며, 몸에 순종하게끔 하는 것이다." 김성철이 쓴 『붓다의 과학 이야기』에 나오는 대목이다. 지나치게 머리 쓰는 걸 자제하는 것, 그것이 바로 수행이라는 것이다.

번잡煩雜한 사람은 생각이 복잡하고 따지는 게 많다. 안 되는 것도 숱하고, 하라는 것도 엄청 많다. 그런 사람과 같이 있으면 피곤하고 괴롭다. 잠시 옆에 있는 사람도 힘든데 본인은 얼마나 힘들까 하는 생각이 문득 든다. 근데 생각이 많다는 것은 무엇일까? 몸은 움직이지 않고 머리만 사용하는 거 아닐까? 아니, 몸이 지나치게 편한 거라고 볼 수 있다. 먹고살 만하고 딱히 하는 일이 없으니 에너지를 쓸 데 없는 생각에 쓰는 것이다. 그런데 이것이 과연 가치 있는 것일까? 그리고 누구에게 도움이 될까? 도움은커녕 자신의 몸과 마음을 상하게 할 뿐만 아니라 곁에 있기 힘들게 한다. '먹고살 만하니까 병이 들었다'는 말도 비슷하다고 본다. 먹고살기 힘들 때는 몸을 많이 쓰느라 생각할 틈이 없었는데, 살림이 퍼지니 몸은 편해지고 생각이 많아지게 된다. 그러자 지금까지 유지해 왔던 육체와 정신 사이의 힘 안배가 달라지고, 이에 적응하지 못하고 몸에 탈이 나게 되는 걸로 나는 이해한다.

언제부터 이렇게 생각이 많아졌을까? 정보 과잉이 그 이유 중 하나라고 본다. 특히 스마트폰의 대중화는 정보 과잉을 촉진했다. 스마트폰은 문명의 이기임이 분명하지만 쓸데없는 정보를 너무 많이 알게 하는 부작용도 있다. 몰라도 좋고 알 필요가 전혀 없는 것, 아니 알면 좋지 않은 것까지 알게 한다. 일면식도 없는 사람이 하와이 여행가는 걸 왜 알아야 하나? 사돈의 팔촌이 맛집에서 올린 사진을 왜 봐야 하나? 왜 모르는 사람의 운동으로 다듬어진 몸을 보면서 자신의 몸을 미워해야 하나? 어떤 사람이 다른 사람 욕하는 걸 왜 들어야 하나? 그야말로 영양가 제로의 정보와 지식이 넘쳐난다. 자신도 모르게 누군가를 부러워하고 자신을 미워하게 되며 영혼과 마음은 복잡해진다. 더 큰 문제는 에너지의 낭비이다. **쓸데없는 곳에 에너지를 쓰니 막상 써야 할 곳에 쓰지 못한다.** 하는 일 없이 피곤하고 짜증이 나는 이유이다.

해결 방법은 간단한 것들이다. 하나는, 머리 대신 몸을 써서 생산적인 일을 하는 것이다. 가혹할 정도로 운동을 하는 것도 방법이다. 몸이 힘들면 쓸데없는 생각은 사라진다.

또 다른 방법은 스마트폰 사용을 자제하는 것이다. 스마트폰의 노예에서 벗어나 주인으로 사는 것이다. 스마트폰 사용을 줄이면 시간이 남는다. 그 시간에 몸을 많이 움직여 하늘을 보며 걷고, 바람을 느끼며, 스마트폰으로 사진을 찍는 대신 그 순간 자체를 즐기고 느끼는 것이다.

마지막 방법은 명상이다. 차분히 앉아 자신의 호흡에 집중하는 것이다. "생각이나 계획, 기억이 나쁜 건 아니다. 그런 것들 없이는 살지 못한다. 하지만 그것이 삶의 95퍼센트나 차지하고 있다. 이것들 때문에 순간을 느끼는 시간이 너무 줄어든다는 것이 문제다. Sati(알아차림, 깨어 있음)를 할 시간이 너무 없어 덧없는 희로애락에 집착하고 삶을 두려워하고 온전히 사랑하는 법을 배우지 못하게 되는 것이다. 생각을 적게 하면 Sati를 많이 할 수 있어 보다 충만하게 살 수 있다." 『처음 만나는 명상 레슨』의 저자 잭 콘필드의 말이다.

나만 사랑하면
남을 사랑하기 힘들다

'썸 탄다'는 말이 있다. 서로 좋은 감정을 갖고 있지만 아직 정식으로 사귀는 상태는 아닌 어정쩡한 상태를 뜻한다. 사랑과 우정 사이라고나 할까. 예전에도 그런 감정이 없었던 건 아니지만 그런 상태를 표현하는 말은 없었다. 요즘은 드라마, 소설, 일상에서도 '썸 탄다'는 말을 아주 자연스레 쓴다. 왜 이 말이 이렇게 널리 쓰일까? 이 말에 공감하고 동의하는 사람이 많아서일 것이다. 그런데 이 말을 바꾸어 말하면 속칭 '간을 본다'고 할 수 있다. 나도 좋아하고 저 사람도 좋아하는 것 같긴 하지만 확신이 생길 때까지는 눈치를 보면서 기다리자는 말이다. 즉 '썸 탄다'는 말 안에는 거절당하는 것이 두렵다는 심리적 기저가 내포되어 있다. 내가 너를 좋아하는 것만큼 네가 나를 좋아하지 않는다고 판단되면 즉시 맘을 접겠다는 각오도 들어 있다. 사랑 때문에 나만 상처 받을 수 없고 절대 손해 보지 않겠다는 굳은 의지도 숨어 있다. 사랑을 '주는 만큼 받는', 일종의 거래로 생각하는 것 같다. 왜 그럴까? 강해진 자아 때문인가? 아니, 자아라기보다는 자기애란 표현이 더 적절할 것 같다. 자존심을 자존감으로 오해하는 것과 비슷하다. 자기를 너무 사랑해 거절당하는 걸 견디지 못하는 것이다. 조금의 손해도 볼 수 없고 사랑에 있어서도 백전백승하겠다는 결의가 숨어 있다. 자기를 사랑하는 건 좋다. 자기를 미워하고 경멸하는 것보다는 자신 있게 사는 모습이 좋긴 하다. 하지만 이 역시 지나치면 안 된다. 우리는 자신을 지나치게 사랑한다. 사랑해도 너무너무 사랑한다.

　삶은 자아를 발견해 나가는 과정이다. "난 수시로 다른 사람을 해부한다. 하지만 더 자주 무정하게 나 자신을 해부한다." 루쉰이 한 말이다. 군자는 어떤 사람일까? 공자는 "걱정하지 않고 두려워하지 않는 사람이다. 군자는 수시로 자신을 반성하고 일을 정정당당하게 처리해서 창피한 것이 없다. 그래서 두려운 것도 걱정할 것도 없다."라고 했다. 이러려면 자신을 적당히 사랑해야 한다. 자신을 사랑하지 않으면 나쁜 일도 서슴없이 하고, 지나치게 사랑하면 어떤 일도 하지 못한다. 자신을 사랑하되 도가 지나치면 안 된다는 말이다. 『인생의 품격』이란 책에 나오는 말이다.
　자신을 사랑해야 한다. 내가 나를 사랑하지 않으면 다른 사람도 나를 사랑하지 않는다. 하지만 나만 사랑하면 다른 사람이 눈에 들어오지 않고 사랑하기도 어렵다. 사랑을 하려면 자기애를 줄여야 한다.

언제까지,
어느 정도까지
보호할 것인가

최 박사는 명문고와 명문대를 거쳐 외국 명문대에서 박사 학위까지 받은 수재이다. 집안이 부유해서 늘 과외 선생의 지도를 받으면서 성장했다. 과외가 힘들었던 시절에도 최 박사의 부모는 장안에서 가장 유명한 강사들을 찾아 과목별로 섭외했고, 시간별로 과외 선생을 붙였다. 방과 후 학교 앞에 대기한

자가용을 타고 사라지는 그를 보고 모두 부러워했다. 하지만 박사 학위를 받으면서 고생을 했다. 항상 과외 선생님이 짜 놓은 틀대로 공부하던 그에게는 논문 제목만 주고 지도를 거의 하지 않는 환경이 낯설었던 것이다. 혼자서 계획하고 궁리하고 공부해 본 적이 없는 그는 늘 초조하고 불안한 모습을 보였다. 꽤 오랜 시간을 투자해 학위는 겨우 끝냈지만 사회에서는 빛을 내지 못하고 있다.

자식의 성공을 바라지 않는 부모는 없다. 자식의 성공을 위해 우리처럼 극성스럽게 뒷바라지를 하는 나라도 없다. 파출부를 하면서까지 과외비를 마련하고, 생활비의 제일 우선순위가 자녀 교육비이며, 자식 교육을 위해 부부가 기꺼이 이별을 감수하기까지 한다. 하지만 자식이 잘 되기를 바라는 마음과 그걸 이루려고 하는 방법은 구별해야 한다. 단기적으로는 성공처럼 보이지만 장기적으로 자식을 망치는 가장 '좋은' 방법이 '너무 많이 도와주어 의존적으로 만드는 것'이다.

어려서 네덜란드로 입양을 가 거기서 성장한 한 입양아가 이런 말을 했다. 수많은 한국 젊은이가 유럽으로 배낭여행 오는 것을 보고 참 대단한 젊은이들이란 생각을 했다고. 공부하면서 얼마나 열심히 벌었으면 이 먼 유럽까지 여행을 올 수 있을까 생각했다고. 하지만 나중에 학생들 대부분이 부모가 준 돈으로 여행 왔다는 사실을 알고 크게 충격을 받았다고 고백한다. 왜 다 큰 젊은이의 여행 경비까지 부모가 부담해야 하는지 자신은 도무지 이해가 안 된다고 했다. 이런 젊은 세대를 이시형 박사는 '모라토리움 세대'라고 표현한다. 모라토리움이란 '천재지변으로 인한 지불 유예'란 뜻이다. 즉, 독립해서 스스로 일어설 때가 된 젊은이들이 독립을 거부하고 여전히 부모 슬하에서 도움을 받으면서 지낸다는 뜻이다.

　인간은 동물 중에서 가장 독립성이 떨어진다. 태어난 뒤 홀로 내버려 두면 사망률이 가장 높다. 그런즉 인간은 태어나서부터 일정 기간은 끊임없는 보호와 지도, 그리고 도움을 필요로 하는 존재이다. 그러면 언제까지, 그리고 어느 정도까지 도움을 주는 것이 바람직할까? 서양처럼 일찌감치 독립 시켜 자식은 자식대로 부모는 부모대로 독립적으로 사는 게 좋을까? 아니면 우리처럼 나이 서른이 넘어서도 경제적으로 정신적으로 부모에게 의존하고 부모가 자식 일에 관여하고 보호하는 것이 좋을까?

과보호와 이른 독립 중 어느 한쪽만 옳다고 하기는 어렵다. 상황에 따라 달라질 수밖에 없기 때문이다. 그럼에도 우리 사회가 자식을 과보호하고 있다는 사실은 분명하다. 나 역시 그러하고, 내 자식들도 그러하다. 주변도 의존적인 자식들로 가득하다. 독립하지 못하거나 안 한 많은 자식들이 부모에게 기대 살고 있다. 석사, 박사까지 부모 도움으로 공부하고, 놀러 가는 비용과 결혼 비용까지 부모에게 손을 벌리고, 부모는 이를 크게 개의치 않는다. 결혼 전은 물론 결혼 후에도 주택 구입 비용, 자가용 구입 비용, 심지어 생활비까지 도움을 요청하기도 한다.

의존할 수 있다. 힘이 없을 때는 의존이라도 해야 생존할 수 있다. 하지만 정도의 문제이다. 온실에서 자란 화초는 작은 시련에도 쓰러진다. 나이 먹도록 정신적으로 경제적으로 부모에게 의존하는 사람은 제대로 된 인생을 살아갈 수 없다. 미국 옐로우 스톤 국립공원에는 다음과 같은 팻말이 붙어 있다. "Don't feed the wild(야생 동물에게 먹이를 주지 마십시오)." 인간이 주는 먹이에 익숙해진 야생 동물은 혼자 힘으로 먹이를 구할 생각을 하지 않는다. 야생 동물들이 겨울에 굶어 죽는 것을 우려해 공원 측이 써 붙인 것이다. 지나친 보호는 자식을 망치는 지름길이다.

의존할 수 있다.

힘이 없을 때는 의존이라도 해야 생존할 수 있다.

하지만 정도의 문제이다.

온실에서 자란 화초는 작은 시련에도 쓰러진다.

나이 먹도록 정신적으로 경제적으로 부모에게 의존하는 사람은 제대로 된 인생을 살아갈 수 없다.

지나치게 청결해서
생기는 병들

예나 지금이나 아이는 귀한 존재여서 애지중지할 수밖에 없다. 그래서인지 일부 젊은 부모는 아이들의 청결을 엄청 따져 절대 더러운 걸 만지지 못하게 하는 경우가 있다. 지인 중 한 명은 식당에서 쓰는 수저도 믿지 못해 수저 세트를 직접 갖고 다닌다. 냅킨도 쓰지 않는다. 그의 눈에는 세상 모든 게 다 더럽고

세균 덩어리인 것처럼 보이는 것이다. 그런데 이렇게까지 하는 것이 과연 아이한테 도움이 될까? 아이를 마치 무균실에서 키우려는 듯이 보이는데, 이는 오히려 아이의 면역 체계를 약하게 만들 수도 있다.

이화여대 최재천 교수가 이런 말을 한다. "지나치게 깔끔한 부모 때문에 일본 아이들은 크면서 천식이나 알레르기 증상을 많이 보인다. 지나친 청결함은 면역력을 감소시킨다. 어른들이 흔히 애들은 흙도 좀 집어먹고 그러면서 커야 한다고 얘기하는데, 실제 그렇다. 육체든 정신이든 고통 자체로는 사람한테 별 도움이 되지 않는다. 그 고통을 헤쳐 나가는 과정을 통해 생존의 지혜를 배우고 잔병치레도 피할 수 있다. 물론 잠시 앓을 수는 있다. 그러나 그런 시행착오의 시간도 없이 강인한 면역력을 기대하기는 어렵다." 기생충학 교수인 서민도 비슷한 말을 한다. "세균은 인체의 면역 기능을 강화해 준다. 크론병이란 게 있다. 우리 몸은 원래 기생충과 친하게 지냈다. 근데 기생충이 사라지니까 조그만 자극에도 예민하게 반응해서 면역계가 되어 인체를 공격하게 되었다. 크론병은 면역계가 소장과 대장을 공격해서 하루 30차례 정도 설사를 일으키는 병인데, 딱히 치료약이 없다. 면역계를 달래기 위해 면역 억제제를 쓰는데 오래가진 않는다. 그래서 결국 기생충을 몸에 넣어 주는데, 70퍼센트 정도가 치료 효과를 보인다. 아토피도 외부 환경에 면역계가 과잉 반응을 해서 생기는 것이다. 뇌신경막을 손상시키는 다발성 경화증도 그렇다. 모두 면역계의 공격으로 생기는 것인데, 이런 증상에는 기생충 요법이 효과가 있다. 때론 더러운 것이 몸에 들어와야 몸이 건강해진다."

    결론은 명확하다. 지나친 청결함이 오히려 아이의 면역력을 약하게 만들어 버린다는 것이다. 아이 양육도 적당히 할 필요가 있다.

재여부재 材與不材

돈은 너무 많은 것도 너무 없는 것도 좋지 않다. 돈이 없으면 불편하고, 사람 구실을 제대로 못하게 된다. 돈이 너무 많으면 자신과 돈이 분리되지 않아 자기 자신을 잃기 쉽고, 사람들이 가만 놔두질 않는다. 재벌들이 여기저기 구설수에 오르고 정권에 시달리는 것이 한 예이다. 돈은 일상생활에 필요한 만큼,

남에게 손 벌리지 않아도 될 만큼만 있으면 좋다. 유명세 또한 마찬가지이다. 너무 무명이면 먹고 사는 데 지장이 있고, 너무 유명하면 사생활에 침해를 받는다.

뭐든 지나치면 좋지 않다. 그럼 어쩌란 말인가? 『장자』의 「산목山木」 편에 있는 재여부재材與不材란 말을 떠올린다. 어느 날 노스승과 제자가 길을 가는데 산길 옆의 큰 나무를 목재꾼들이 거들떠보지도 않고 지나쳤다. 연유를 묻자 옹이가 많아 재목으로 쓸 수 없다는 대답이 돌아왔다. 그날 밤 스승과 제자가 객줏집에 묵게 되자 주인이 하인에게 닭을 잡아오라 시켰다. 하인이 "잘 우는 놈과 못 우는 놈 중 어느 놈을 잡을까요?" 하니까, 주인은 "못 우는 놈을 잡아라."라고 했다. 제자가 스승에게 "나무는 쓸모가 없어 살아남았고, 오리는 쓸모가 없어 죽었습니다. 스승님은 어디에 처하시렵니까?"라고 묻자 스승의 답이 재여부재材與不材, 즉 쓸모없음과 쓸모 있음 그 어디쯤에 있겠다고 했다. 이는 그만큼 처신이 힘들다는 반증이기도 하다. 돈도, 재능도 사실 재여부재이다.

절제하면
좋게 오래간다

건강이나 장수 관련해서는 수많은 정보가 있는데, 그 정보들 중 일부는 서로 충돌한다. 그럼에도 누구나 인정하는 장수 비결이 있으니 바로 칼로리 제한이다. 이는 몸이 필요로 하는 칼로리의 70퍼센트 정도만 공급하는 것이다. 쉬운 말로 소식이다. 쥐를 대상으로 한 실험이 있다. 한쪽은 넘치게 먹이고, 다른 한쪽은 조금 부족하게 먹였다. 과식한 쥐는 비만은 물론 암 발병도 많았지만, 소식한 쥐는 쌩쌩하고 암 발병도 적었다. 이는 인간에게도 해당된다. 절제가 중요한 이유는 바로 건강함과 지속성 때문이다. 절제하지 않으면 망가지고, 절제해야 건강하게 지속할 수 있다.

뭐든 계속해서 즐기고 싶으면 그만큼 절제해야 한다. 술도 그렇다. 술을 계속 즐기고 싶으면 절제해야 한다. 그렇지 않으면 간이 망가져 더 이상 마시지 못한다. 주변에 이미 그런 사람들이 제법 있다. 음식 또한 그렇다. 맛있다고 계속 먹으면 더 이상 맛난 걸 먹을 수 없는 날이 온다. 권력도 그렇다. 일단 높이 올라가는 걸 조심해야 하는데, 높이 오르면 망가질 가능성이 높기 때문이다. 할 수 없이 높이 올라가 권력을 가졌다면 가능한 그 권력을 사용하지 않아야 하고, 사용해도 아주 절제해서 사용해야 한다. 그렇지 않으면 거꾸로 그 권력이 나를 찌르는 날이 오게 된다. 절제는 다른 누군가를 위해 하는 게 아니라 바로 나 자신을 위해, 내가 좋아하는 걸 지속적으로 하기 위해 필요한 일이다.

사회 또한 마찬가지이다. 자기 절제 없는 무한 증식은 위험해서 생태계 균형을 깨고 급기야 생태계 전체를 무너뜨린다. 암세포가 대표적인 예다. 자연은 자기 조절 능력이 탁월하다. 동물은 아프면 아무것도 먹지 않고, 어느 순간 스스로 활동을 중단한다. 나무는 일조량이 줄면 특정 세포 기능을 차단시킨다. 단풍이 들고 낙엽을 떨어뜨리는 것인데, 그렇게 하지 않으면 겨울을 버티지 못하기 때문이다.

효과적인 리더십 역시 절제로부터 나온다. 청나라 4대 황제 강희제는 중국 지도부가 벤치마킹하는 왕이다. 만주족 15만 명을 이끌고 한족 1억 5,000만 명을 평정했으며, 무려 61년간 통치했다. 그는 권력을 아끼고 또 아꼈다. 지출은 역대 최소로 아꼈고, 사치와 물욕 또한 절제했다. 후궁 숫자 또한 가장 적었다. 강희제는 절제의 황제이고, 중국 역사상 손에 꼽히는 **빼어난 통치자**이다.

인기도 절제가 필요하다. 절제하지 않으면 시기와 질투를 받게 되고, 너무 노출되면 희소성이 떨어지며 사람들은 싫증을 낸다. 나 또한 항상 이 지점을 조심하려 애쓴다. 공중파 출연은 가능한 절제하려 하고, 부른다고 아무 곳이나 가지 않으려 한다. 시간을 아껴 그 시간에 많은 책을 읽고 다양한 사람을 만나며 혼자 생각하고 글을 쓰면서 내공을 더 다듬으려고 한다. 화개반 주미취花開半 酒微醉란 말이 있다. 꽃은 반쯤 피었을 때가 보기 좋고, 술은 약간 취했을 때가 기분이 좋다는 뜻이다. 모든 걸 다 가졌을 때보다 오히려 부족한 듯 가졌을 때 행복하다.

뭐든 계속해서 즐기고 싶으면 절제해야 한다.
절제하지 않으면 망가지고,
절제해야 건강하게 지속할 수 있다.
절제는 다른 누군가를 위해 하는 게 아니라
바로 나 자신을 위해, 내가 좋아하는 걸
지속적으로 하기 위해 필요한 말이다.

적게 말하고
오래 들어라

과잉 중 최고의 과잉은 말이 많은 것이다. 말 많은 사람과 같이 있는 건 힘들다. 이들은 연예인 이야기, 자식 이야기, 배우자 이야기, 사돈의 팔촌 이야기 같은 것을 끝없이 늘어놓지만 대부분 쓸모없는 말들이다. 당연히 자리에 함께한 다른 사람들은 말할 기회조차 없다. 이런 사람을 대화의 테러리스트라고 부르고 싶다. 쓸모없는 말은 줄여야 한다.

　말을 줄이려면 우선 마음을 다스릴 수 있어야 한다. 불교에서는 이를 위한 열 가지 계율을 정했는데 이 중 말하기와 관련된 게 네 가지나 된다. 첫째, 불망어不妄語다. 거짓말을 하지 말라는 거다. 당연한 말이다. 둘째, 불양설不兩舌이다. 이간질하지 말라는 말이다. 말을 옮기는 것, 여기서 이 소리하고 저기서 저 소리하지 말라는 말이다. 셋째, 불악구不惡口다. 다른 사람을 욕하지 말라는 것이다. 욕을 하면 분노의 독소가 생기고 번뇌가 커진다. 욕은 강한 자극 때문에 입에 담는 순간 자기 마음이 더러워진다. 욕을 하면 순간적으로 시원하다는 느낌을 받지만, 결국에는 욕하는 사람도 욕먹는 사람도 모두 정서적으로 피해를 입는다. 넷째, 불기어不綺語다. 쓸데없는 말을 하지 말라는 뜻이다. 상대에게 의미가 없는 말, 듣는 사람이 마음에도 없는 대꾸를 해야 하는 이야기는 쓸데없는 말이다. 자기 자랑, 몰라도 되는 정보를 줄줄이 늘어놓는 것, 지나친 칭찬, 연예계의 가십 등도 마찬가지다.

장자(莊子)가 말하는 여덟 가지 과오도 알아두면 말을 줄이는 데 도움이 된다. 첫째, 자기 할 일이 아닌데 덤비는 것으로, 주착(做錯)이라 한다. '주책 부린다'는 말이 여기서 온 거라는 설이 있다. 둘째, 상대가 부탁하지 않았는데 의견을 말하는 것이다. 요즘 말로 '안물'이다. 안 물어봤는데 말하는 것인데 이를 망령(妄靈)이라 한다. '망령이 났다'는 건 안 물어봤는데 말하는 것이다. 셋째, 남의 비위를 맞추려고 말하는 것인데 아첨(阿諂)이다. 차고도 넘친다. 단톡방 등에 특히 많다. 누가 뭔가를 올리면 다들 용비어천가를 부른다. 별일도 아닌데 다들 찬양을 한다. 넷째, 시비를 가리지 않고 마구 말을 하는 것이다. 푼수(分數)다. 온갖 것에 자기 의견이나 댓글을 다는 사람, 온갖 프로에 다 등장해 자기 의견을 내는 사람들이 여기에 해당한다. 자기 일이나 잘할 것을 권한다. 다섯째, 남의 단점 말하기를 좋아하는 것이다. 참소(讒訴)라 한다. 도대체 누굴 위해 그런 행동을 하는가? 누구에게도 효용이 없는 행동이다. 여섯째, 관계를 갈라놓는 것이다. 이간(離間)질이라 한다. 천하에 쓸모없는 짓이다. 일곱째, 나쁜 짓을 칭찬해 사람을 타락시키는 것으로, 간특(奸慝)이라 한다. 여넓, 옳고 그름을 가리지 않고 비위를 맞춰 상대 속셈을 뽑아보는 것이다. 음흉陰凶이라 한다.

나 역시 직업 특성으로 말을 많이 할 수밖에 없어 늘 조심스럽다. 이런 나에게 말에 관한 아메리카 인디언들의 생각은 흥미롭고 새길 만하다. 한 인디언 추장의 말이다. "나는 그동안 백인들로부터 수많은 말을 듣고 또 들었다. 하지만 아무것도 이루어진 것이 없다. 진심이 담겨 있지 않은 좋은 말은 오래 가지 못한다. 좋은 말이 죽은 사람을 살려내진 못한다. 좋은 말이 얼굴 흰 사람들이 차지하고 있는 내 부족 땅을 되돌려 주진 못한다. 아무 결과도 없는 '말뿐인 말들'에 나는 지쳤다. 그 많은 좋은 말들과 지켜지지 않은 약속을 생각할 때마다 내 가슴엔 찬바람이 분다. 말할 자격이 없는 사람들이 너무 많은 말을 한다. 우리 인디언들은 적게 말하고 오래 듣는다. 말은 노래와 의식에서 중요한 역할을 한다. 대화를 할 때도 마찬가지다. 말을 아끼고, 필요할 때만 할 줄 아는 자가 지혜로운 자이다."

나이가 들면 말이 길어지기도 한다. '용건만 간단히'처럼 어려운 일이 없다. 좀처럼 압축을 못하고 중언부언하기 일쑤인데, 상황 파악을 못하고 있다는 얘기이다. 말이 길어진다는 건 그만큼 늙어가고 있다는 증거이다. 또 생각나는 대로 뭐든 쏟아내는 사람이 있다. 그래야 시원하단다. 말한 사람은 시원하겠지만 당하는 사람은 얼마나 괴롭겠는가? 말이라고 해서 다 같은 말이 아니다. 하고 싶은 말을 다 하면 안 된다. 해서는 안 될 말이 있다. 입 안에 말이 적고, 마음에 일이 적고, 뱃속에 밥이 적어야 한다. 다언삭궁多言數窮이라는 말이 있다. 노자『도덕경』에 나오는 말로 말이 많으면 곤란한 일을 자주 당한다는 뜻이다. 무릇 말이란 하면 할수록 구차해진다. 말은 다 하지 않고 남겨 두어야 한다. 최고의 절제는 말을 가려서 하는 것이다. 말을 줄이고 침묵하는 것이다. 내가 생각하는 침묵은 말을 하지 않음으로써 더 많은 말을 하는 것이다. 이것이 말의 여백이다.

말이라고 해서 다 같은 말이 아니다.
해서는 안 될 말은 하면 안 되고,
쓸모없는 말은 줄여야 한다.
최고의 절제는 말을 가려서 하는 것이다.
말을 아끼고, 필요할 때만 할 줄 아는 자가
지혜로운 자이다.

'먹방' 전성시대

요즘 사람들은 먹어도 너무 먹는다. 먹는 것에 대한 방송도 너무 많다. 여기를 봐도 '먹방', 저기를 봐도 '먹방'이다. 왜 그렇게 먹는 것에 목숨을 걸까? 왜 그렇게까지 먹어야 하는 것일까? 전 국민이 걸신이 들린 것일까, 아니면 전 국민을 먹는 걸로 질리게 하려는 것일까? 그래서 얻는 것이 뭘까? 그것의 끝은 어떻게 될까?

    식탐은 비만으로 이어지고 비만은 성인병으로 발전한다. 그 결과의 하나는 당뇨이다. 당뇨糖尿는 글자 그대로 설탕 오줌이다. 오줌에 당이 섞여 나오는 병이다. 몸이 흡수하기엔 칼로리가 너무 많아 억지로 배출하는 것이다. 몸은 스스로를 보호하려 한다. 당뇨 역시 몸이 자신을 보호하기 위한 장치라고 한다. 너무 먹는 주인한테서 자신을 보호하고자 억지로 브레이크 장치를 만든 것이다. 말로 해서는 안 되니까 강제로 주인에게 경고를 주는 것이다. 암도 그렇다. 암癌이란 한자를 보면 입 구口 자가 세 개 있다. 세 개의 입으로 아무거나 산더미처럼 먹어서 오는 질병이란 의미이다. 현대 질병은 못 먹어서 생기는 게 아니라 너무 많이 먹어서 생기는 것들이다. 최고의 음식은 적게 먹는 것이다. 좋은 음식도 많이 먹으면 나쁜 음식이 된다. 속을 자꾸 채우는 것보다 속을 비우는 것이 좋다.

    배 터지게 먹는다는 말이 싫다. 먹는 걸로 내기하는 프로는 보기가 힘들다. 태생적으로 소식이기도 하고 많이 먹는 것,

배 터질 때까지 먹는 것에 대한 거부감이 있다. 그래서 뷔페도 별로 좋아하지 않는다. 어쩔 수 없이 갈 때도 있긴 하지만 나한테는 맞지 않다. 일단 밥을 먹으면서 자꾸 일어났다 앉았다 하는 것이 귀찮고, 대화 흐름이 자꾸 끊어지며, 맛에 집중할 수도 없다. 한식, 일식, 중식 다 먹은 것 같지만 사실 하나도 제대로 먹은 것 같지 않다. 무엇보다 뷔페를 피하는 이유는 과식 때문이다. 견물생심이라 나도 모르게 과식을 하게 된다.

인간은 먹어야 한다. 먹지 않으면 살 수 없다. 우리가 이렇게 열심히 일하는 이유도 다 먹고 살아야 하기 때문이다. 하지만 다른 중요한 것들도 있기에 절제할 수 있어야 한다. 그렇지 않으면 먹는 것이 우리를 집어삼킬 수 있다. "음식과 인간의 관계는 기름과 등불의 관계와 같다. 기름이 많으면 등불은 밝아진다. 그러나 기름이 적으면 불은 꺼진다. 그러나 기름이 지나치게 많아도 불은 꺼지는 법이다." 알렉산더 플레밍의 말이다.

말은 이리 해도 나 역시 식탐이 있어 맛있는 음식 앞에서는 이성을 잃는다. 그럼 어떻게 할 것인가?『생각 버리기 연습』에 약간의 팁이 있어 소개한다. "다이어트를 위해서는 먹는 것에 대해 생각하지 않아야 한다. 하지만 다이어트를 할 때 먹는 것에 대해 가장 많은 생각을 한다. 식사 때는 다른 생각을 하지 말아야 한다. 오로지 먹는 것에만 집중해야 한다. 동작 하나하나에 집중하라. 혀의 움직임에 집중하라. 먹는 일에 집중하다 보면 충실한 만족감을 얻게 된다. 지금 무엇을 먹고 있는가는 상관이 없다. 먹는 일에 완전히 집중했는가가 중요하다. 그러면 필요한 양만 먹어도 충분히 먹었다는 기분이 든다. 자기에게 알맞은 양이 어느 정도인지 알 수 있고 자연히 먹는 양이 줄고 살도 빠진다." 먹는 것에 집중하면 먹는 것을 줄일 수 있다는 말이다. 다들 시험 삼아 한 번 해 보는 것도 좋겠다.

과한 운동도 중독이다

운동을 엄청 좋아한 친척 형님이 있었다. 그는 평생 테니스와 골프에 미쳐 살았다. 평일에도 서너 시간씩 테니스를 쳤고 주말마다 골프를 쳤다. 골프도 그냥 치는 게 아니라 걸핏하면 36홀을 돌았다. 어떤 날은 새벽에 일어나 골프를 치고, 오후에는 테니스를 쳤다. 다들 '스포츠맨'이라고 불렀고, 덕분에 건강해 보였다. 그런데 그 형님이 환갑 지나마자마 갑자기 돌아가셨다. 다들 황망해하고 의아해했다. 건강에 그토록 신경 쓰고, 운동 열심히 하며, 몸에 좋은 것만 챙겨 먹었는데 어떻게 이럴 수가 있냐며 놀랐다. 나 역시 슬프고 받아들이기 힘들었다.

하지만 요즘 곰곰이 생각하니 과도한 운동이 형님의 명을 단축한 건 아닐까 의심이 든다. 물론 인명은 재천이지만 운동을 많이 하는 게 꼭 건강이나 생명에 도움이 되는 건 아닌 것 같다. 텔레비전에 간간이 보이는 어떤 연예인이 있는데, 이 연예인도 운동을 지나치게 하는 것 같다. 그는 보통 사람은 들 수도 없는 엄청나게 무거운 아령으로 운동을 한다. 200킬로그램이 넘는 무게를 발로 올리는 운동도 한다. 일반인들은 깔려 죽을 수 있는 무게이다. 그 연예인은 운동을 좋아해서 점차 강도를 높이다 보니 여기까지 온 거라고 한다. 즉 웬만한 강도에는 몸이 더 이상 자극을 받지 않았다는 뜻이다. 운동만 과한 게 아니다. 식사도 그렇다. 운동 후에 닭 가슴살과 온갖 야채와 과일을 왕창 갈아서 먹는데 일반인이 먹는 단백질 양의 몇 배에 해당한다. 그런데 그 연예인은 자신이 건강한 몸이 아니란 걸 스스로 고백한다. 통풍이 온 적이 있다고 하는데 과도한 단백질 섭취 때문이라고 했다.

운동도 지나치면 안 된다. 운동을 하면 좋은 이유는 많지만 그렇다고 과하게 하는 것은 금물이다. 운동에 목숨을 걸다가는 정말 목숨을 잃을 수 있다. 과한 운동은 운동을 하지 않는 것만큼이나 건강에 해롭다. 운동선수들의 평균 수명을 보면 이를 알 수 있다. 젊어서는 그렇게 건강해 보이는 운동선수들이지만 평균 수명은 여러 직업군 중 가장 짧은 편에 속한다. 무리한 운동이 건강을 해친 것이다. 최선은 짧은 시간이더라도 효과적으로 꾸준히 운동하는 것이다. 일주일에 한 번 몰아서 몇 시간씩 등산을 하는 것보다는, 하루에 30분씩 꾸준히 가까운 동네를 걷는 것이 건강에는 더 좋다. 아주 상식적인 얘기다.

3장

관계에 대하여

누가
주인인가

퇴근 시간 경부 고속 도로를 통해 서울로 올라가는 길은 재앙 그 자체이다. 용인에서 서울까지 적어도 2시간은 걸린다. 한번은 천안에 있는 회사에 강의를 갔다. 그 회사에서 차를 보내줬는데 집에 갈 때는 사양하고 천안역에서 KTX를 타고 서울로 온 적도 있다. 편의를 위한 차는 현대판 고문 도구다. 나같이 성질 급한 사람은 꽉 막힌 길 가운데에 갇혀 있는 것 자체가 큰 고통이다.

여러분은 교통 체증을 얼마나 견디는가? 꽉 막힌 도로에 갇혀 무슨 생각을 하는가? 왜 이렇게 다들 차를 끌고 나왔을까 하며 다른 사람을 원망하지는 않는가? 앞으론 어떻게 될 것 같은가? 이 문제를 해결할 수는 있다고 생각하는가? 지금 정도의 체증으론 문제를 해결할 수 없다고 생각한다. 문제가 더 심각해져야 해결할 수 있다고 본다. 서초동에서 삼성동까지 3시간쯤 걸리고, 수원에서 서초까지 5시간은 걸려야 경각심을 가지리라 본다. 역설적으로 지금의 교통 상태는 양호하다. 막힌다고 불평하면서도 끈질기게 차를 끌고 다니는 이유는 참을 만하기 때문일 것이다.

심각한 교통 체증은 우리 모두의 책임이다. 차량 이용을 절제하지 못한 대가를 모두가 치르는 중이고 앞으로도 계속 치를 것이다. 차가 사람을 위해 존재하는 것이 아니라 차를 위해 사람이 존재하는 꼴이 되어 버렸다. "적당한 소유는 인간을 자유롭게 한다. 도를 넘어서면 소유물이 주인이 되고 소유하는 자가 노예가 된다." 니체의 말이다. 우린 그 말을 현재 실천하고 있다.

신호등의
역설

한국은 신호등이 너무 많다. 사람이 거의 다니지 않는 시골길에도 곳곳에 신호등이 서 있다. 인적 드문 곳에서는 빨간 신호등이 켜져 있어도 그냥 무단 횡단하고 싶다. 왜 이렇게 신호등이 많을까? 신호등이 사람을 위해 존재하는 것이 아니라 사람이 신호등을 위해 존재하는 것 같다는 생각마저 든다. 신호등

제작 업자들이 신호등을 많이 설치하도록 로비를 한 건 아닐까 하는 의심마저도 든다. 그런데 신호등과 질서는 어떤 상관관계가 있을까? 신호등이 많을수록 안전하고 질서가 잘 지켜질까? 만약 정전으로 길거리 신호등이 모두 멈춘다면 도로는 정체될까 아니면 길이 잘 뚫릴까? 『우아한 아이디어가 세상을 지배한다』라는 책을 보면 결론은 단순하다. 신호등이 적을수록 소통은 원활하다는 것이다. 아래 내용은 이 책에 소개된 사례 중 하나다.

네덜란드 북부에 있는 인구 4만 5,000명의 소도시 드라흐텐에는 리바이플라인이란 사거리가 있다. 매일 수천 명의 보행자, 자전거, 2만 2,000대의 차가 통행하는 거리이다. 하지만 이곳에는 신호등이 없다. 정지, 서행, 양보를 알려 주는 표지판도 없다. 바닥이 빨간 벽돌로 되어 있을 뿐이다. 빨간 벽돌은 일종의 경고 표시로써 이 구역은 특별하며 안전장치나 신호가 없다고 알리는 것이다. 신호등, 표지판은 물론 차도와 인도를 구분하는 표시도 없다. 그런데 차와 사람들은 원활하게 잘 다닌다. 이

사거리에 진입하기 전부터 사람들은 모든 상황에 최대한 주의를 기울이며 속도를 줄이고 안전 상태와 교통 흐름을 먼저 살펴보기 때문이다. 안전은 위험하다고 생각해야 가능하다. 이곳이 안전한 이유이다.

　이곳은 교통 조사원 출신의 한스 몬더만이 설계했다. 그는 1970년대 교통사고의 원인 대부분이 잘못된 교통 시스템 때문이란 사실을 깨달았다. 청신호가 들어오면 사람들은 아무 생각 없이 앞으로 나아간다. 신호는 운전자의 시선을 빼앗는다. 신호를 보느라 양 옆에서 발생할 수 있는 잠재적 위험 요소를 보지 못한다. 교통 신호로 넘치는 넓은 도로는 "앞으로 가세요. 빨리 지나가세요. 우리가 모든 걸 관리하니 안심하세요."라고 말하는 것과 같다. 이에 착안한 몬더만은 기존의 것들을 하나씩 제거해 나갔다. 좁은 S자 도로, 교통 신호, 안내선, 가드레일, 제한 속도 등을 없애고 마을 풍경을 살리며 공간을 정비했다. 그 결과 놀라운 성과가 났다. 평균 속도, 대기 시간, 사고는 절반으로 줄어들었으며, 일부 구간에서는 완전히 사라졌다.

반면 효율성과 만족도는 두 배로 증가했다.

이런 증거는 곳곳에서 발견할 수 있다. 1989년 4월 14일 워싱턴포스트의 그리드락은 '신호등이 사라지면 교통 체증이 사라진다'는 칼럼을 썼다. 내용은 이렇다. "그 날은 정전으로 신호등이 꺼졌다. 그러자 운전자들은 속도를 늦추고 서로 수신호를 주고받으며 운전을 했다. 다들 조심하고 양보했다. 그 결과 보통 때보다 25분이나 빨리 출근할 수 있었다. 신호등이 꺼진 그날, 나는 가장 느긋하게 출근할 수 있었다." 교통 신호는 사람들의 책임과 주의 의무를 빼앗는다. 교통 신호가 많아질수록 책임감은 줄어든다. 아무도 집안에다 '침을 뱉지 마시오'라고 써 붙이지 않는다. 당연하기 때문이다.

우리를 둘러싼 환경적·문화적 신호들은 구성원의 행동 방식을 결정한다. 그래서 자동차와 사람 간의 경계를 허물고 도로와 인도를 같은 공간에 배치하더라도 사람들은 자연스레 이 조건에 따라 행동하게 된다. 이를 서울에 적용해 보면 어떨까? 처음에는 혼란스러울 수 있지만 나중에는 나아지지 않을까?

확실한 것은 지금 한국 도시에는 신호등과 표지판이 너무 많다는 것이다.

좀 더 나은 교통 시스템을 위해 스케이트장을 벤치마킹하는 것도 고려할 만하다. 스케이트장은 한 방향으로 주행하라는 것 말고는 별다른 규칙이 없지만, 사람들은 별 문제 없이 스케이팅을 즐긴다. 가장자리를 도는 사람도 있고, 링크 중앙에서 스핀과 점프 실력을 뽐내는 사람도 있으며, 뒤로 가는 사람도 있다. 속도도 제각각이다. 전문가도 있고 초보자도 있다. 언뜻 보면 무척 혼란스러워 보이지만 각자 알아서 스케이팅을 즐기고, 대형 사고도 발생하지 않는다. 간혹 흐름을 방해하는 사람들이 있지만 곧 다른 사람에 의해 흐름 속으로 들어간다. 처음 아이스 링크에 들어서는 사람은 순간 두려움을 느끼지만 곧 그곳에 익숙해지고, 다른 사람들처럼 스케이팅을 즐기게 된다.

인간은 복잡한 상황에 대처할 주체적 능력을 가지고

있다. 신호와 선은 사람들이 사회적 책임을 다하는 것을 방해할 뿐이다. 이런 장치는 상황을 해석하고 대처하는 인간의 능력을 없앤다. 통제 장치가 많을수록 사람들은 스스로 생각할 필요성을 느끼지 않는다. 오늘날 우리가 교통 체증에 시달리는 첫 번째 이유는 차가 많은 것이고, 다음은 지나치게 많은 신호 체계일 것이다.

지나치게 많은 통제 장치는
사람들이 스스로 생각할 기회를 빼앗는다.
교통 통제 장치가 많아질수록
사람들의 주의 의무와 책임감은 줄어든다.
우리를 둘러싼 환경적·문화적 신호들이
구성원의 행동 방식을 결정하는 것이다.

소비자는
폭군이 아니다

오래전 일인데 파리에 출장을 가서 3일간 이빨을 닦지 못한 적이 있다. 금요일 저녁 파리에 도착했는데 치약이 없었다. 근데 구할 방법이 없었다. 금요일 저녁부터 주말 내내 문을 연 가게를 찾지 못했기 때문이다. 정말 불편해도 너무 불편했다. 미국도 그렇다. 웬만한 건 다 본인이 직접 배달하고 조립해야 한다.

배달을 해 달라고 하면 추가 비용을 받는다. 뭘 하나 사려고 해도 30분은 차를 타고 나가야 한다. 큰 도시는 다르지만 작은 도시는 어두워지면 전쟁 난 동네처럼 조용하다. 이런 나라들에 비하면 한국은 지나치게 편하다. 비슷비슷한 가게들이 다닥다닥 붙어 있고 고만고만한 서비스를 하면서 치열하게 경쟁한다. 고객들은 편하지만 서비스 당사자들은 죽을 지경이다. 우린 의도적으로 조금 불편하게 살 필요가 있다. 내가 너무 편하다는 건 누군가 나를 위해 너무 힘들게 일한다는 의미이다.

이런 생각을 하게 된 건 김용섭의 『라이프 트렌드 2018』에서 공정 속도와 적정 서비스에 대한 글을 읽고 나서이다. 대강 이런 내용이다. "택배 기사들은 하루 16시간을 일하는데 수입은 늘지 않는다. 난 당일 배송이 싫다. 엄밀히 말하면 당일 배송 자체가 싫은 건 아니다. 지나치게 싼값에 당일 배송을 해 주는 현실이 싫다. 당일 배송은 편해 보이지만 누군가에게는 위험한 일이다. 너무 싸서, 그러니 가능한 많이 배달해야 해서,

그 누군가는 죽을 수도 있다. 더 빨리 받고 싶으면 더 많은 비용을 지불해야 하고, 적정 속도를 허용하는 게 당연하다. 공정 속도는 함께 나눠야 할 책임이다. 이게 '컨슈머 오블리주소비자의 책임 의식'이다. 아무리 편리한 서비스라 해도 그것이 누군가에 대한 착취, 누군가의 희생으로 이루어진다면 소비자로서 과감한 개선과 변화를 요구하고 그 변화에 대한 책임도 나눌 수 있어야 한다." 소비자가 왕이란 말은 이제 그만하자. 아니 폭군 노릇은 이제 그만 멈추자. 소비자도 양심이 있어야 한다. 우리의 권리를 주장하는 것도 중요하지만 우리의 권리 때문에 힘들어하는 서비스 제공자도 생각해야 한다. 우리는 편해도 너무 편하다.

그냥
가만히

인디언 추장에게 올겨울 날씨가 어떨지 물었다. 여러분이 추장이라면 어떻게 답하겠는가? 추장은 잘 모르지만 – 어쩌면 당연하게도 – 체면을 생각해 아는 척을 하며 "예년보다는 조금 추울 것이다."라고 말했다. 이 말을 들은 사람들은 열심히 장작을 사 모으기 시작했고, 장작값은 점점 올라갔다. 그러자 이런 얘기가 들리기 시작했다. "요즘 시장에서 장작을 구할 수가 없어요. 올겨울 추위를 예상한 사람들이 장작을 사 모으기 때문입니다. 올겨울은 정말 엄청 추울 것 같아요." 올겨울 추위를 더 확신한 추장은 만나는 모든 사람들에게 추운 겨울에 대비하라는 말을 했고, 그 얘기를 들은 사람들이 너 나 할 것 없이 장작을 사들이면서 장작값은 천정부지로 오르기 시작했다. 그런데 그해 겨울은 매우 포근했다. 장작이 필요 없어진 사람들은 장작을 다시 시장에 내놓기 시작했고 장작값은 폭락을 거듭했다. 이런 현상을 '네거티브 피드백'이라고 한다. 안 좋은 일들이 꼬리에 꼬리를 물고 일어나면서 상황이 점점 더 나빠지는 걸 말한다.

근데 왜 이런 현상이 일어날까? 왜 가만히 있지 못하고 부화뇌동을 할까? 남들이 다 하는데 자신만 하지 않으면 불안하기 때문이다. 자기만 바보가 되는 것 같은 기분이 들기 때문이다. 이를 'FOMO 현상'이라고 부른다. 'Fear of missing out'의 약자인데 자기만 제외되는 걸 두려워한다는 뜻이다.

흔히 우리 자신을 냄비에 비유해 스스로를 비하한다. 냄비처럼 쉽게 끓고 쉽게 식는다는 것이다. 그런데 이런 속성은 우리나라 사람뿐 아니라 인간 일반이 갖는 속성 중 하나이다. 왜 이런 일이 일어날까? 왜 남들이 사면 나도 사고, 또 남들이 팔면 나도 파는 것일까? 가장 큰 원인은 바로 무지이다. 무지하면 불안하고, 불안하면 남의 말을 듣거나 남이 하는 대로 따를 수밖에 없다. 자신의 판단에 자신감이 없어서이다. 해결 방법은 간단하다. 관심 주제에 대해 공부하는 것이다. 공부하면 나름의 견해를 갖게 된다. 어떤 사람의 성숙도는 무게중심이 있느냐 없느냐로 판단할 수 있다. 무게중심이 확실하다면 어떤 일이 벌어져도 침착하다. 쉽게 흔들리지 않는다.

관계 속으로
도피하지 마라

"저 역시 한때는 정말 바쁘게 살았습니다. 그런데 무엇 때문에 그렇게 바빴는지 돌이켜 보니 최소한 절반은 하지 않아도 되는 일이었습니다. 먹고살기 바빠서 내 삶의 내용을 채우지 못하고 있다고 합리화하지 말았으면 합니다. 그렇게 합리화하면 내 미래의 삶은 누가 책임질까요? 우리는 불안하면 관계 속으로 도피하려고 하는 경향이 있습니다. 퇴근 후 자꾸 약속을 잡고, 술자리를 만들고 하면서 관계 속으로 도피하려 하지 말고 주체적으로 자신이 즐거운 일을 찾아서 한 가지씩 배워 보세요." 김정운 교수의 주장이다. 불안함을 피하려고 관계 속으로 도피하지 말라는 것이다. 그의 말에 격하게 공감한다.

혼자 있으면 고독하지 않다. 오히려 충만하다. 고독은 사람들 속에 있을 때 생겨난다. 그래서 군중 속 고독이란 말이 나왔다. 난 별다른 모임이 없다. 아니 쓸데없는 모임을 하지 않으려고 애를 쓴다. 관계 다이어트를 하는 중이다. 관계보다는 혼자 있어도 충만한 그런 삶을 살고 싶다. 혼자 있어도 두려움 없는 사람이 되고 싶다. '독립불구 둔세무민獨立不懼 遯世無悶'이란 말을 좋아한다. 혼자 있어도 두렵지 않고, 세상과 떨어져 있어도 걱정하지 않는다는 말이다. 사람은 혼자 있을 때 성장한다. 삶이란 좀 심심해야 한다. 그래야 책에도 손이 가고, 생각도 하며, 산책도 하면서 이런 생각 저런 생각을 하게 된다. 관계도 넘치면 좋지 않다.

나만 생각이 있는 게 아니다

난 잔소리가 싫다. 직장 생활을 할 때 상사가 부하 직원 혼내는 모습을 종종 목격했다. 그런데 좋은 말도 한두 번인데 왜 다 큰 성인에게 싫은 얘기를 반복하며 3절까지 잔소리를 하는지 이해할 수 없었다. 시시콜콜 따지면서 시시비비를 끝까지 가리는 것도 좋아하지 않는다. 그게 그렇게 가치 있는 일이란 생각도 들지 않고, 내 생각에 확신을 가질 수도 없기 때문이다. 무엇보다 강요가 싫다. 요즘 우리 사회는 강요하는 사회 같다. 어떤 기준점을 정해 놓고 거기에 닿을 때까지 계속 요구한다. 강요란 억지로 무언가를 요구하는 행위이다. 상대의 생각과 입장은 외면하고 내 관점에서 내 의견을 주입하려는 행위이다. 술이 싫은 사람에게 술을 마시라고 하는 것, 결혼 생각이 없는 자식에게 결혼을 하라는 것도 일종의 강요이다.

강요는 일종의 폭력이다. 강요를 하는 이유는 상대를 한 인격체로 보지 않고 나보다 못한 존재, 계몽해야 할 대상으로 생각하기 때문이다. 이런 발상 자체가 문제다. 누구나 자기 생각을 얘기할 수 있고, 상대는 웬만하면 무얼 말하는지, 무얼 원하는지 알아듣는다. 그러면 거기까지 해야 한다. 딱 거기까지만. 내 주장을 폈지만 상대가 듣지 않을 때는 이를 인정하고 받아들여야 한다. 상대도 뭔가 사정이 있는 것이고, 설혹 내 주장을 받아들이지 않는다 해도 그 역시 그 사람 몫이다. 내가 어찌할 수 없는 부분이다.

곁말이 많은 이유

우리는 쓸데없는 말, 아무 소용없는 말을 많이 하면서 산다. "이런 말 하지 않으려 했는데…."라고 말하면서 사람 속을 긁는 사람들이 있다. 그럼 하지 않으면 된다. 왜 그런 말을 굳이 꺼내는가? 누굴 위한 말인가? 상대를 위한 것 같지만 사실 본인을 위한 것이다. "기분 나쁘게 들릴지 모르겠지만…." 하면서 말을 꺼내는 사람도 있다. 상대가 들으면 기분 나쁠 거라는 걸 알면서도 그 말을 하는 이유가 무엇일까? 그 말 듣고 기분 나빠지라는 것이다. 참 고약한 심보다. "그쪽 걱정이 돼서 하는 얘기인데…"라고 하면서 굳이 안 해도 될 얘기를 하는 사람도 있다. 근데 정말 걱정이 돼서일까? 말은 그렇게 하지만 속내는 걱정 없이 사는 네가 미워 걱정거리를 주고 싶다는 말이다.

다수의 청중을 대상으로 스피치를 할 때도 이런 경우가 많다. "내가 이런 말할 자격은 없지만…"이라고 말을 시작하는 이들이 있다. 그리 생각하면 그런 자리에 서지 말아야 한다. 왜 그런 말을 하는가? 듣는 사람들은 뭐가 되는가? 자격도 없는 사람이 하는 말을 아까운 시간 내서 들어야 하는가? 정말 해서는 안 되는 말이다. "여러분도 다들 알다시피…"란 말도 다시 생각해 볼 말이다. 이 말을 들을 때마다 "내가 아는지 모르는지 당신이 어떻게 아는가? 그런 말을 하는 저의가 무언가?"란 질문을 던지고 싶은 충동을 느낀다. "솔직히 말씀 드려서…"라는 얘기를 반복하는 사람도 있다. 그럼 이 말 외에는

다 솔직하지 않은 이야기였다는 것인가?

 모두 다 쓸데없는 말이다. 말을 할 때는 핵심적인 얘기만 하면 된다. 곁말이 많아지는 이유는 자신이 하는 말에 알맹이가 별로 없기 때문이다. 이런저런 곁말로 그걸 희석시키려는 것이다.

모두를 존대하는 것은
아무도 존대하지 않는 것이다

요즘 언어생활에서 가장 큰 문제는 높임말의 인플레이션이다. 대상을 구분하지 않고 높임말을 쓰는 것을 존대로 잘못 알고 있다. 잘못된 존대는 불쾌할 때도 있다. 방송 프로그램에서 이런 모습을 쉽게 볼 수 있다. 출연한 젊은 사람들끼리 "그러셨습니다.", "저러셨습니다.", "힘드셨겠네요."라며 서로 높인다. 젊은 사람들끼리 극존칭을 쓰며 서로를 높이면, 보는 시청자가 불편하다. 존대를 받아야 할 최우선 인물은 시청자이다.

이런 무차별적인 존대는 이미 온갖 것으로 퍼졌다. 무생물에 대한 존대가 가장 흔하다. '차가 막히셔서, 의자가 불편하셔서, 옷이 안 맞으셔서'란 말이 대표적이다. 왜 무생물인 차와 옷까지 존대하는가? 심지어 "범인이 물건을 훔치셨습니다."란 말까지 들어본 적이 있다. 결혼식 때 사회가 "주례 선생님 말씀이 계시겠다."고 한 말도 잘못이다. 말씀은 계시는 것이 아니다. '말씀'과 '계시다'는 우리 문법에서 조응하지 않는다.

존대하지 말아야 할 대상을 존대하는 것은 잘못이다. 모두를 존대한다는 건 사실 아무도 존대하지 않는 것과 같다. 존대를 해야 할 말, 하지 않아야 할 말, 그리고 존칭을 해야 할 대상, 하지 않아야 할 대상을 구분해야 한다. 존대도 적절해야 그 역할을 제대로 한다.

배고픈 건 참아도
배 아픈 건 못 참는다

돈을 내고 해야 할 행동이 몇 가지 있다. 손자 얘기 하는 것, 마누라 자랑하는 것, 돈 자랑하는 것이 그렇다. 주변에 입만 열면 돈 자랑하는 이들이 있다. 자기가 사는 집이 얼마나 크고 좋은지, 이번 알래스카 여행이 얼마나 좋았는지, 자기가 은행에서 어떤 대접을 받는지, 결혼기념일에 얼마나 비싼 음식을 먹었는지, 자식 결혼식 때 돈을 얼마나 썼는지 등 얘기하자면 정말 끝이 없다. 하지만 자랑만 할 뿐 들어 준 사람들에겐 돈 한 푼 쓰지 않는다. 정말 이해되지 않는 행동이다. 한 두 번은 그럴 수 있다. 하지만 그런 일이 반복되면 사람들 입에 오르내린다. 돈 자랑도 일종의 공연이다. 그런데 이 공연은 무대에 서서 자랑하는 사람이 관객에게 지불해야 하는 공연이다. 듣는 게 쉽지 않기 때문이다.

'사촌이 땅을 사면 배가 아프다'라는 속담이 있다. 게다가 요즘엔 '배고픈 건 참아도 배 아픈 건 못 참는다'는 우스갯소리도 있다. 인간의 시기와 질투는 본능적이다. 그러니 당신이 부자라면 당신 주변 사람들이 배가 아플 테니 배 아플 행동은 하지 말 것을 권한다. 돈을 쓰거나 도와줄 거 아니면 쓸데없이 돈 있는 티를 내지 말라는 것이다. 고급 외제차에 비싼 음식 먹고 허구한 날 해외여행을 가고, 그것도 모자라 SNS로 이를 널리 알리는 건 현명하지 못한 처사다. 그걸 알려서 뭘 어쩌겠다는 건가? 그건 그런 여유가 없는 사람들 염장에 불을 지르는 행위와 다름없다. 그렇게 쓰고 싶으면 조용히 쓰면 된다. 제발 사람들에게 그런 사실을 알리지 말기를 바란다.

돈은 버는 것보다 쓰는 것이 더 힘들다는 얘기를 흔히 한다. 돈을 쓰더라도 절제해서 쓰라는 말이다. 최악은 돈 자랑은 실컷 하면서 그 자랑을 들어 준 사람들에겐 한 푼도 쓰지 않는 것이다. 돈 자랑을 하려면 최소한 밥이라도 사든지 골프 라운딩 비용이라도 내야 한다. 최선은 돈은 있지만 절제하는 것이다. 돈 자랑도 하지 않고, 함부로 쓰지도 않는 것이다. 내 돈 내가 쓰는데 왜 간섭이냐고 할 수도 있다. 맞는 얘기처럼 들리지만 그렇지 않다. 진정한 부자는 돈이 있지만 절제할 수 있는 사람이다. 돈을 함부로 사용하는 것이 다른 누군가에게는 상처를 줄 수도 있다는 사실을 알고 이를 배려할 수 있어야 한다. 배 아파하는 사촌을 비난하는 대신 사촌이 배 아플 일은 하지 않는 게 낫다.

과잉 친절의
이면

예능 프로그램을 볼 때 종종 불편함을 느낀다. 상대를 너무 과하게 평가하고 칭찬하며, 시종일관 꿀이 뚝뚝 떨어지는 말을 주고받는다. 그런 게 불편하다. 그게 과연 진실일까? 말하는 사람은 왜 저렇게까지 달콤한 말을 하는 것일까? 무슨 목적이 있는 건 아닐까? 듣는 사람 기분은 어떨까? 혹시 저 말을 100

퍼센트 진심이라고 생각할까? 저런 말을 지속적으로 들으면 자신을 정말 대단한 사람으로 생각하게 되지는 않을까?

지나치게 환대하는 사람은 조심해야 한다. 처음 만났는데 같은 학교를 나왔다는 이유로 형님 형님 하면서 굽신거리는 사람은 뭔가 꺼림칙하다. 아무리 동문이라도 성인이 되어 만났는데 어떻게 만나자마자 형님 동생 소리를 할 수 있는가? 형님이 되면 은연중 형님 역할을 기대할 것이고, 거기에 맞게 행동해야 하는데 생각만 해도 부담스럽다.

지나치게 굽신대는 사람도 불편하다. 이런 사람은 다른 곳에서는 반대의 행동을 보일 가능성이 있다. 달콤한 말을 과하게 쏟아내는 사람도 피하는 게 좋다. 공자가 말한 '교언영색'이 떠오른다. 달콤한 말은 꿀과 같다. 조금 먹으면 좋지만 많이 먹으면 탈이 난다.

지나친 친절도 경계해야 한다. 'Kill someone with kindness'란 영어 표현이 있는데 딱 거기에 해당한다. 친절로 사람을 죽인다는 말이다. 지나친 친절이 도리어 그 사람을 불리하게 한다는 뜻이다. "나는 지나치게 친절한 사람을 조심하라는 말에 120퍼센트 동의한다. 과잉 친절을 베푸는 사람에는 두 종류가 있다. 하나는 상대에게 사기를 치는 사람이고, 또 하나는 자신에게 사기를 치는 사람이다. 심리적으로 후자가 더 문제다. 친절하고 관대한 사람이라는 이미지를 지키기 위해, 자기가 받고 싶은 보호와 관심을 타인에게 투사하는 방식으로 친절을 베푸는 것이다. 또한 상대로부터 돌아올 호의를 무의식적으로 기대하면서 그 일을 한다. 인간에게는 호의를 베풀어 놓고 상대가 그것에 대해 보답하는지를 지켜보는 무서운 속성이 있다고 한다. 오른손이 한 일에 대해 왼손이 보답 받기를 바란다는 뜻이다." 소설가 김형경의 말이 가슴에 와 닿는다. 마음 공부를 많이 한 사람이라 친절의 이면을 날카롭게 직시하는 것 같다.

과한 대접, 과한 친절 그 이면에는 어떤 목적이 있다. 자신을 좋은 사람으로 포장하기 위한 목적, 상대를 무장 해제해 숨겨진 목적을 달성하기 위한 목적, 아니면 자신에게도 비슷한 친절을 베풀어 주기를 바라는 목적 등 뭔가 석연치 않은 것들이다. 진심으로 서로를 신뢰한다면 그런 과함은 필요하지 않다. 평소대로 행동하면 된다. 친절은 모든 미덕의 근본이다. 하지만 지나친 친절은 아니다.

예상치 못한 기쁜 감정이 감사이다

세상을 둘러보면 감사할 일 천지다. 정시에 도착하는 지하철, 아무 탈 없이 자라 주는 아이들, 끼니 때마다 먹을 수 있는 음식, 나를 찾아 주는 고객들, 건강한 육체와 정신, 밤에도 다닐 수 있는 안전한 거리…. 하지만 우리 대부분은 감사함을 모르고 산다. 오히려 당연하게 여긴다. 그래서인지 세상은 감사 관런 격언으로 차고 넘친다. "애꾸는 장님을 볼 때 비로소 신에게 감사한다." 쇼펜하우어의 얘기이다. "감옥과 수도원의 공통점은 세상과 고립되어 있다는 점이다. 그러나 차이가 있다면 **불평을 하느냐, 감사를 하느냐 그 차이뿐이다.** 감옥이라도 감사를 하면 수도원이 될 수 있고, 수도원이라도 감사를 할 줄 모르면 감옥이 된다." 마쓰시타 고노스케의 얘기이다.

그런데 요즘 감사 운동이 여기저기서 일어나고 있다. 참 바람직한 일이다. 하지만 감사 또한 넘치면 안 된다. 말로 하는 감사 인사는 흔하게 듣는다. 하지만 말뿐이고 뭔가 다른 목적이 있는 것 같아 의심 가는 경우가 종종 있다. 남의 눈을 의식해 좋은 사람으로 보이고 싶어 하는 목적, 많은 걸 가졌는데 가만 있으면 안 되니까 감사하다는 말로 때우려는 목적, 사실은 별로 감사하지 않은데 욕먹기 싫어서 억지로 하는 감사…. 모두 진심이 없는 겉치레로 느껴진다. 그러다 코이케 류노스케가 쓴 『생각 버리기 연습』의 다음 문장을 읽었다. 공감이 가서 간단히 옮겨 본다.

감사하다고 생각하지도 않으면서 겉치레로, 혹은 남들의 눈을 의식해 감사하다고 말해서는 안 된다. 이것은 일종의 거짓말이다. 자신도 속이고 남도 속이는 것에 해당한다. 불교에서는 행복하게 살기 위해 자비희사慈悲喜捨를 강조한다. 자慈는 모든 살아 있는 것들과 평화롭게 지내기를 원하는 마음이다. 비悲는 가엾게 여겨서 괴로움과 고통을 없애 주려는 마음이다. 희喜는 다른 사람이 기뻐할 때 함께 기뻐해 주는 마음이다. 사捨는 분노와 어리석음을 버리고 평상심을 유지하는 마음이다. 감사의 마음은 없다. 감사란 원하거나 노력한다고 생기는 마음이 아니기 때문이다. 감사란 예상하지 못한 것이 생겼을 때 느끼는 기쁜 감정이다. 감사의 감정이 생기지 않았는데도 생긴 것처럼 행동하지 말아야 한다. 습관적으로 감사하다는 말을 쓰는 대신 "가족들이 모두 좋아했습니다. 훌륭합니다. 괜찮더군요." 같이 정형화되지 않은 말을 사용해 보는 것이 좋다.

결론은 간단하다. 감사의 감정이 생기지 않았는데 습관적으로 감사하다는 말을 사용하지 말라는 것이다. 거짓이기 때문에 피해야 한다는 것이다. 난 속으로 뜨끔했는데 여러분은 어떤가? 감사도 지나치면 안 된다.

모임을 하는 이유

지인 중 한 사람은 직업이 총무이다. 모든 동창회는 기본이고, 독서 모임, 등산 모임까지 그야말로 눈코 뜰 새 없이 바쁘다. 주말에도 2박 3일씩 동창들과 어딘가를 다녀오느라 가족들도 얼굴 보기가 힘들다. 그는 경제적으로 여유가 없다. 작은 전세 아파트에 살고 있고 모아 놓은 돈도 거의 없다. 지난 번 전세금이 올랐을 때도 은행에서 대출을 받아 간신히 메웠다고 했고, 아이들은 아직 대학생이라 계속 돈이 들어가야 한다. 몇 년 뒤면 정년이고 노후 계획도 없어 보인다. 난 그를 볼 때마다 궁금증이 생긴다. 빠듯한 월급쟁이가 저 비용을 어떻게 감당하는지, 저렇게 돌아다니고도 힘이 남아 있는지, 무엇보다 왜 저렇게 필사적으로 여러 모임을 돌아다니는지 이유를 알 수 없다.

난 통계에 관심이 많다. 통계를 보면 그 사회를 읽을 수 있기 때문이다. 제일 알고 싶은 건 사람의 움직임을 나타내는 모빌리티mobility이다. 사람들이 어디를 얼마나 돌아다니는지 알고 싶다. 모빌리티는 둘로 구분할 수 있다. 일로 돌아다니는 것과 일 없이 돌아다니는 것이다. 일로 돌아다니는 것 중 하나는 영업이다. 일이 없어도 움직이는 것은 여행과 모임이 대표적이다. 일 없는 움직임은 인당 모임이 몇 개인지, 모임 빈도가 얼마나 높은지를 알면 참조가 될 것이다. 인당 자동차 주행 거리도 도움이 될 것이다. 내 추측이긴 하지만 한국인은 분명 모임 개수, 빈도, 주행 거리가 전 세계에서 3위 안에는 들 것이다.

왜 사람들은 기를 쓰고 모임을 만들고 주기적으로 모이는 걸까? 인간이 사회적 동물이라 그러는 걸까, 아니면 외로워서 그러는 걸까? 모이면 외롭지 않고, 모이지 않으면 외로울까? 누군가를 알아 두면 비즈니스에 도움이 되어서일까? 아니면 혼자 있는 시간을 견디지 못해서일까? 이유는 다양하고 복합적이겠지만 가능한 많은 사람과 좋은 관계를 유지하기 위해서, 관계를 통해 기쁨을 얻기 위해서일 것이다.

요즘 중국어를 공부하고 있다. 다른 것도 재미있지만 중국인들의 속내를 들여다보는 것이 흥미롭다. 그중 하나가 '꽌시'에 관한 것이다. 꽌시란 본질적으로 이너서클이다. 이들은 사람을 두 가지로 구분한다. 꽌시 속에 들어온 인물과 그렇지 않은 인물이다. 일단 꽌시 속에 들어오면 모든 일이 순조롭다. 부탁을 하는 것도 들어주는 것도 자유롭다. 그래서 목숨을 걸고 꽌시를 만들고 유지한다. 근데 꽌시를 만들 때 필요한 게 있다. 줄 게 있어야 한다. 꽌시는 만난다고 생기고, 안 만난다고 안 생기는 게 아니다. 내가 줄 게 있고, 상대도 줄 게 있어야 생긴다. 꽌시의 본질은 주고받음이다. 우리도 중국과 비슷할까? 그렇지 않다. 몇몇 모임에 가 보면 주지는 않고 얻어 가려고만 하는 사람을 쉽게 볼 수 있다. 그런 사람들은 본능적으로 자기 사업에 도움이 될 만한 사람에게만 접근하고, 또 그런 사람들과만 친교를 유지하려 애쓴다. 그런 식의 친교는 한계가 있다. 자신도 알고 상대도 안다. 좋은 꽌시를 위해서는 우선 자신이 뭔가 줄 만한 사람이 되어야 한다. 돈이건, 자리이건, 지혜건, 아이디어건 줄 게 있어야 한다. 그러면 사람들이 다가온다. 아무리 열심히 모임을 쫓아다녀도 줄 게 없으면 죽도 밥도 아니다. '가난하면 번잡한 곳에 살아도 찾는 사람이 없고, 돈이 있으면 산속에 살아도 친척이 찾아온다.' 중국의 속담이다.

만남은 중요하지만 지나치면 문제가 된다. 난 몇 가지 원칙을 두고 모임을 갖는다. 무언가 배우고 지적으로 자극을 주고받는 모임을 제일 좋아한다. 과거지향적 모임보다는 미래지향적 모임에 끌린다. 비슷비슷한 사람들의 모임보다는 다양한 사람들의 모임에 마음이 간다. 저녁 모임보다는 점심 모임을 선호한다. 다음은 순서이다. 내 우선순위는 책 읽고 글 쓰고 공부하는 것이다. 나에겐 이 일이 가장 소중하다. 오전에는 가능한 이런 일에 시간을 쓰고 싶고, 이후 남는 시간을 모임에 쓰고 싶다. 내가 밤늦은 모임을 별로 좋아하지 않는 이유는 그 모임의 여파가 새벽 시간에 영향을 주기 때문이다. 여러분은 모임에 대해 어떤 원칙을 갖고 있는가?

절제,
할 수 있지만 하지 않는 것

절제는 '두루 살펴 더 할 수 있지만 이제 그만하라고 자신에게 명령하는 것'이다.

절제를 위해서는 일단 두루 살펴야 한다. 두루 살핀다는 건 내가 원하는 것을 가질 때 과연 그게 어떤 모습인지를 미리

세심하게 그려 보는 것이다. 내가 원하는 게 진짜 원하는 게 맞는지, 다른 사람의 욕망을 대신 욕망하는 건 아닌지, 거기에 생각지도 못한 어려움이 있는 건 아닌지를 살펴보는 것이다.

유명해지는 것이 그렇다. 사람들 대부분은 별 생각 없이 유명해지고, 이름을 날리고, 뜨고 싶어 한다. 그래야 잘 먹고 잘 살 수 있다고 생각하기 때문이다. 나 역시 무명이고 싶지는 않다. 하지만 너무 유명해지는 것 또한 사양한다. 모 방송국 아침 프로그램에 몇 번 나간 뒤 겪은 일련의 에피소드들이 그런 생각을 하게 만들었다. 한번은 딸과 함께 식당에 갔는데 우리 부녀를 힐끔힐끔 보면서 자기네들끼리 숙덕였다. 또 길에서 알아보고 인사하는 사람도 생겼다. 나는 그 사람을 모르는데 그 사람은 나를 안다는 사실이 사실 두려웠다. 유명해지면 좋은 점이 많기는 하다. 책도 더 잘 팔리고, 강사료도 더 받을 수 있고, 오라는 데도 더 많아지고, 심지어 팬클럽까지 만들어지기도 한다. 하지만 유명세를 치러야 한다. 누군가 유명세가 세금이라고 했는데 그럴 듯한 말이다. 유명해진 만큼 그에 따른 세금을 지불해야 한다. 많은 사람이 유명해지고 싶어 하면서 그 대가는 고려하지 않는다. 번잡한 걸 싫어하는 난 그러면서까지 유명해지고 싶진 않다. 먹고사는 데 지장이 없을 만큼만 알려지고 싶다. 특정 분야의 전문가로 사람들에게 인지되고 싶다.

다음은 할 수 있지만 하지 말라고 명령하는 것이다. 절제의 반대말은 무엇일까? 할 수 있는 건 다 하자? 물 들어올 때 노를 젓자? 메뚜기도 한 철이다? 내일이 없는 것처럼 끝까지 가 보자? 오늘 마시고 즐기고 죽자? 이런 것들은 그럴 듯해 보이지만 몇 번 해 보면 얼마나 허무한 일인지 바로 알 수 있다.

절제의 반대말은 끝장을 보는 것이다. 돈을 벌려고 수단과 방법을 가리지 않는 것, 남이야 망하건 말건 내 이익에 목숨을 거는 것, 권력을 마음대로 휘두르는 것, 갈 데 안 갈 데 가리지 않고 다 다니는 것, 아무 말이나 하고 싶은 말을 다 하는 것, 돈이 많으면서도 돈 되는 일에 눈이 벌게져서 돈만 쫓아다니는 것, 이미지와 상관없이 온갖 광고에 다 등장하는 것, 몇 푼 벌지도 못하면서 외제차에 명품을 들고 다니는 것 등이다. 무자無字 돌림도 절제의 반대말이다. 무리, 무모, 무례, 무시, 그리고 무대책 등이 그렇다.

절제는 그냥 하지 않는 것이 아니다. 할 수 있는 능력이 없어 하지 못하는 것이 아니다. 절제는 할 수 있지만 하지 말라고 자신에게 명령하는 것이다. 경제력이 있지만 함부로 쓰지 않는 것, 권력이 있지만 함부로 휘두르지 않는 것, 오라는 데는 많지만 자리를 가려 가는 것, 할 말은 많지만 참는 것 등이 절제이다. 쉬워 보이지만 아무나 할 수 있는 일이 아니다. 자신에게 명령할 수 있어야 하는데, 사실 '메타 인지'가 있어야 가능하다. 또 다른 내가 지금의 나에게 "이제 그만해라."라고 말할 수 있어야 한다. 남을 다스리려면 자신을 다스리고 통제할 수 있어야 한다. 남에게 명령하기 전에 자신에게 명령할 수 있어야 한다. 그게 절제이다. "자신에게 명령하지 못하는 사람은 남의 명령을 들을 수밖에 없다." 니체의 말이다.

과유불급
할 수 있지만 하지 않는

초판 1쇄 인쇄 2019년 11월 21일 초판 1쇄 발행 2019년 11월 28일
지은이 한근태
펴낸이 연준혁

부문대표 신미희
편집 김민정
디자인 최수정

펴낸곳 (주)위즈덤하우스 미디어그룹 출판등록 2000년 5월 23일 제13-1071호
주소 경기도 고양시 일산동구 정발산로 43-20 센트럴프라자 6층
전화 031)936-4000 팩스 031)903-3893 홈페이지 www.wisdomhouse.co.kr

ⓒ 한근태, 2019
값 13,500원
ISBN 979-11-90427-23-4 03320

* 인쇄·제작 및 유통상의 파본 도서는 구입하신 서점에서 바꿔드립니다.
* 이 책의 전부 또는 일부 내용을 재사용하려면 반드시 사전에
  저작권자와 (주)위즈덤하우스 미디어그룹의 동의를 받아야 합니다.

* 이 도서의 국립중앙도서관 출판예정도서목록(CIP)은 서지정보유통지원시스템
  홈페이지(http://seoji.nl.go.kr)와 국가자료종합목록 구축시스템
  (http://kolis-net.nl.go.kr)에서 이용하실 수 있습니다. (CIP제어번호 : 2019045893)